KB262851

거란 잊혀진 유목제국 이야기

도서출판 네오

거란 잊혀진 유목제국 이야기

초판 1쇄 발행   2018년 6월 25일
    2쇄 발행   2019년 10월 20일

지은이   쳉후이(程辉), 자오샹양(赵向阳)
옮긴이   권소연, 안병우, 이민기
펴낸곳   도서출판 네오
펴낸이   신장섭

등   록   제406-2012-000070호
주   소   10881   경기도 파주시 재두루미길 110(신촌동)
전   화   02)718-3111
팩   스   02)704-3113

디자인   네오프린텍(주)
인쇄 제본   네오프린텍(주)

값 13,000원
ISBN 979-11-958261-5-5   03900

이 도서의 국립중앙도서관 출판예정도서목록(CIP)은 서지정보유통지원시스템 홈페이지(http://seoji.nl.go.kr)와 국가자료
공동목록시스템(http://www.nl.go.kr/kolisnet)에서 이용하실 수 있습니다. (CIP제어번호 : CIP2018018600)

거란

잊혀진 유목제국 이야기

촹후이(程辉) · 자오샹양(赵向阳) 지음

권소연 · 안병우 · 이민기 옮김

아니태산
서북로초토사
조복 대왕부
진주
북정
고창
이주
연기
서주회골
흑수진연군사
서하
사주
과주
숙주
황두회골
선화부
흥경부
서량부
화람군사
서녕주
난주
북송
희주
민주
진주
봉주
응원부
토번제부

그림1 거란 전도

여진
요
고려
부아리
오리미
월리메
토이기산
태주
장순주
완안부
솔빈부
황룡부
시라무렌강
경주
조주
회주
상경 임황부
용화주
둥주
녹주
의곤주
의무려산
섬주
탄산 한성
함주시 의현
동경 요양부
중경 대정부
대주
계주
갈소관부
보주
소주
서경
선화현
봉성주
남하
개경
남경
내주
상간하
계주
동경
대동부
남경 석진부
백구하
하간부
진정부
응주
덕주
태원부
형주
제주
청주
밀주
분주
북경
대명부
웅덕부
해주
진주
전주
하남부
동경
개봉부
남경
응천부
서주
초주
양주
수주
강녕부
군주
당주
채주
광주
소주

① 태조 야율아보기 = 순흠황후 술률평
생몰년: 872~926
재위년: 914~926
생몰년: 879~953
재위년: 916~926

동단왕 배 = 유정황후 소씨
899~937
② 태종 야율덕광 = 정안황후 소온 = 궁인 소씨
생몰년: 902~947
재위년: 926~947
생몰년: ?~935
재위년: 927~935
야율이호
야율아리과

③ 세종 야율완 = 회절황후 소살갈지
생몰년: 918~951
재위년: 947~951
재위년: 949~951
④ 목종 야율경 = 황후 소씨
생몰년: 931~969
재위년: 951~969
재위년: 951~969
야율엄철갈 야율천덕 야율적렬 야율필섭 야율완

⑤ 경종 야율현 = 예지황후 소작 = 발해비
생몰년: 948~982
재위년: 969~982
생몰년: 953~1009
재위년: 969~982

⑥ 성종 야율융서 = 인덕왕후 소보살가 = 흠애왕후 소누근
생몰년: 971~1031
재위년: 982~1031
재위년: 983~1032
생몰년: ?~1057
야율융경 야율정가 야율약사노

⑦ 흥종 야율종진 = 인의황후 소달리
생몰년: 1016~1055
재위년: 1031~1054
재위년: 1035~1076
야율중원 야율별고복

⑧ 도종 야율홍기 = 선의황후 소관음
생몰년: 1032~1101
재위년: 1055~1101
생몰년: 1055~1075
야율화로알 야율아련 야율열로고

장회태자 양왕 야율준
위국공주
양송국공주

⑨ 천조제 야율연희 = 천조황후 소탈리라 = 문비 소슬슬
생몰년: 1075~1128
재위년: 1101~1125
재위년: 1101~1025

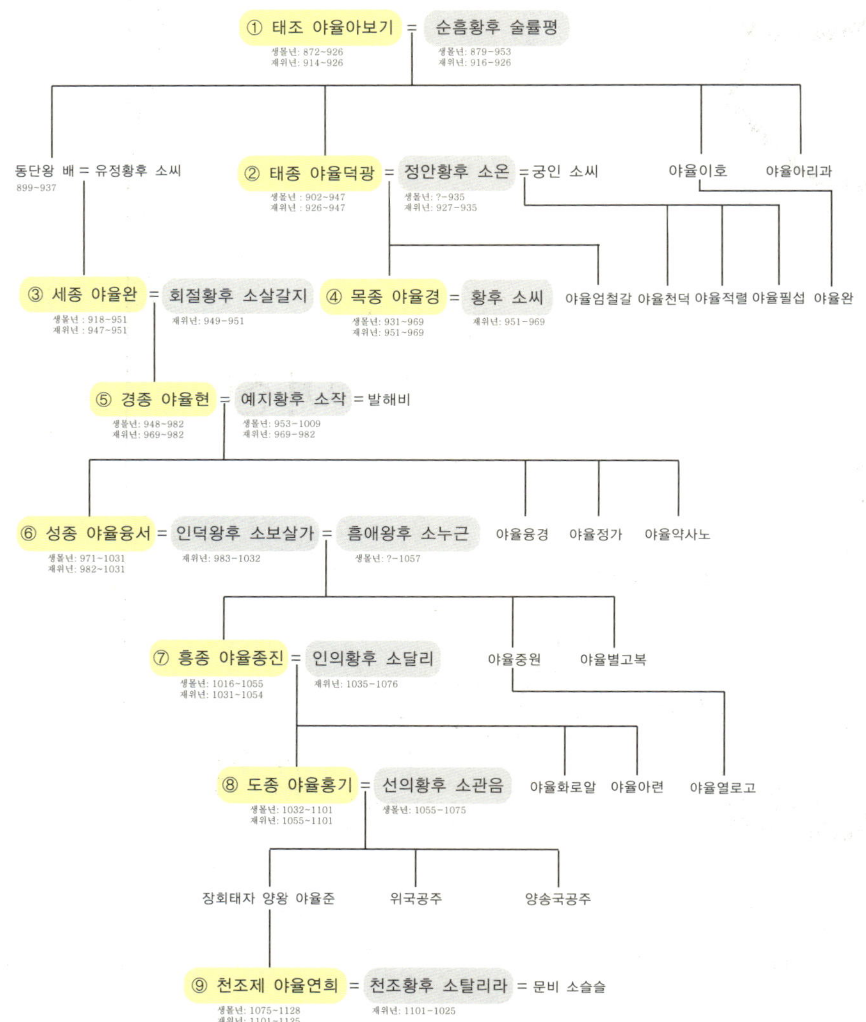

그림2 거란 황제 계보도

머리말

'거란'이라는 말을 들으면 가장 먼저 '야만'이라는 단어를 연상하게 된다고 하면 심한 표현일까? 중·고등학교 역사 교과서에서 거란은 발해를 멸망시키고 고려를 세 차례나 침공한 침략자로 묘사되어 있다. 서희의 뛰어난 담판으로 거란은 강동 6주를 고려에게 넘겨주었고, 강감찬에게 귀주에서 대패한 뒤로 다시는 고려를 넘보지 못한 대단치 않은 나라로 알려져 있다. 정말 그랬을까?

거란은 송을 능가하는 군사력을 갖고 만주 초원을 장악하였으며, 매년 송에서 은과 비단을 받았으며, 대장경을 조판할 정도로 높은 수준에 도달하였으며, 화려한 문화를 꽃피웠던 모습은 우리에게 잘 알려져 있지 않다. 야만이라는 인상은 이 모름에서 나온 것일 수 있다.

10세기에서 12세기 초반은 동북아시아에서 고려와 송, 거란이 정립하고 있던 시기였다. 절대 강자가 동아시아를 지배하지 못하던 이 시기에 각국은 고유한 정치와 문화를 발전시켰다. 군웅들이 활약한 오대십국의 혼란기를 통일한 송에서는 유학에 바탕을 둔 사대부들이 정권을 장악하고 거란에 매년 세폐를 바치며 평화 관계를 유지하였다. 거란은 송을 공격하여 일정한 성과를 거두었지만 송을 멸망시킬 만큼 강력하지는 못하였고, 스스로 중원을 지배하며 한족의 문화에 동화되는 것을 경계하였다. 고려는 송의 문화를 수용하고, 한편으로 거란과 대립하면서 영토를 확장하고 다양한 문화를 발전시켰다.

이 책은 본래 중국의 텔레비전에서 방영한 내용을 묶은 것이다. 그러므로 누구나 쉽게 읽을 수 있는 이야기 형식으로 되어 있다. 그러나 이 책의 내용이 재미있는 읽을거리에 그치지는 않는다. 이 책을 통해 생소한 거란 왕조 역사의 큰 흐름을 파악할 수 있으며, 거란 민족의 웅장한 기개와 특이한 생활 모습, 그리고 그들이 남긴 찬란한 문화유산을 맛볼 수 있다.

특히 우리의 눈을 끄는 것은 한족들을 적극적으로 받아들인 포용성이다. 거란은 자기들에게 필요한 한족들을 받아들이고 적극적으로 등용하였으며, '한족은 한족의 관습에 따라 다스린다'는 통치술을 발휘하였다. 이를 위해 거란인을 다스리는 관청과 한족을 다스리는 관청을 따로 두었다. 이러한 통치체제는 인구가 적은 민족이 문화 기반이 다른 민족을 지배할 때 유용하였으며, 결국 거란이 제국을 형성하고 운영하는 중요한 바탕이 되었다.

거란은 문화적으로도 매우 높은 수준에 올라 있었다. 지금까지도 남아 있는 경주의 백탑을 비롯한 불교 유물들은 장엄함과 화려함을 동시에 자랑하며, 그들이 조판한 대장경은 고려가 대장경을 조성하는 데 기본 텍스트가 되었다. 근래의 연구에 따르면, 탑을 비롯한 거란의 문화는 고려에도 적지 않은 영향을 주었다.

역사상의 북방 국가들은 우리 민족과 지속적으로 영향을 주고받았다. 거란도 2세기 동안이나 고려와 국경을 마주하고 있으면서 전쟁과 교류를 계속하였다. 그럼에도 거란이 여전히 낯선 야만의 나라로 인식되고 있는 것은 쉽게 읽을 수 있는 책이 없는 데서 기인하는 점도 있을 것이다. 번역자들은 이러한 인식을 조금이나마 바꾸고자 이 책을 소개하기로 하였다. 이 책이 거란에 대한 이해를 넓히고 나아가 북방 민족과 국가들에 대한 관심을 깊게 하는 데 작은 도움이 되기를 바란다.

이 책을 출간해주신 도서출판 네오의 신장섭 대표님과 출판권 교섭과 제작을 도맡아주신 박진경 팀장께 감사드린다.

2018년 3월

번역자들

차례

1

국가의 기틀을 만든
위대한 업적

契丹 王朝

1

국가의 기틀을 만든 위대한 업적

중화민족의 휘황찬란한 업적은 중국의 여러 민족이 공동으로 창조한 것이다. 거란족은 중화민족을 구성하는 중요 부분이고, 중화문명이 다양하면서도 통일성을 가진 문명으로 형성되는 데 역사적으로 중요한 역할을 하였다.

학자들은 거란의 흥기와 역사적 환경이 서로 밀접한 관계가 있다고 생각한다. 한 때 초원의 영웅으로 불렸던 돌궐[1]과 회골[2]의 영광은 다시는 재현되지 않았으며, 당나라 말기 중원에 나타난 오대의 난세는 야율아보기가 혜성같이 등장하는 계기를 제공했다는 것이다.

2009년 정월 초하루가 지난 후, 중국사회과학원 고고연구소는 2008년에 새로 발굴한 전국 6대 고고 유적을 발표하였다. 야율아보기가

묻혀있는 '조릉'도 그 명단에 올라 있다.

태조 야율아보기는 10세기 초 거란의 각 부족을 통일하고, 916년 황제에 올라 나라 이름을 거란이라고 하였다. 거란의 영토는 만 리나 되었다. 전성기의 영토는 동으로는 태평양, 북으로는 외흥안령에 달했다. 서쪽으로는 아니태산 부근, 남쪽으로는 하북성 중부의 백구하에 이르렀다. 그리고 고려, 서하, 북송과 국경을 접하였다. 거란국과 인접한 주변의 왕조 가운데 몇몇 나라는 공물을 바쳤고, 몇몇 나라는 책봉을 받아 부용국[3]이 되었다.

요나라는 수도를 다섯 개 두었는데 상경 임황부, 중경 대정부, 동경 요양부, 남경 석진부, 서경 대동부이다. 이에 따라 통치구역을 상경도, 중경도, 동경도, 남경도, 서경도로 나누었다. 이 5도에는 155개의 주(州)·군(軍)·성(城)과 209개의 현(縣), 52개의 부족, 60개의 속국이 포함되었다.

중화민족의 휘황찬란한 업적은 다양한 민족들이 공동으로 창조한 것이다. 거란족도 중화민족을 구성하는 중요한 부분이었고, 중화문명이 다양한 구성원이 모여 하나의 국가를 형성하는 데 역사적으로 커다란 역할을 했다.

아보기는 중화 문화를 수용하고, 한인과 거란인의 민족 융합을 추진하였다. 그리고 한족을 등용하여 봉건적인 국가운영체계를 만들었고, 농업과 상업을 발달시켜 거란의 문화와 경제를 발전시켰다. 그 결과 거란이 209년 동안 지속되는 기본 구조를 만들었으며, 그것은 중국 북방 초원 민족의 모델이 되었다.

천년이 지난 현재 조릉은 어떤 모습일까? 사람들은 만리장성 밖에 관심을 기울였다. 조릉은 내몽고 적봉시 파림좌기 합달영격향 석방자촌[4]의 서북쪽, 3면을 산이 둘러싼 자루모양의 계곡 안에 있다. 동남 방향에 터진 곳이 하나 있는데, 만기격산을 정면으로 마주하고 있다. 높고 큰 만기격산의 모습은 마치 커다란 병풍 같으며, 조릉을 위해 폐쇄된 공간을 만들어주었다. 풍수지리학이 각광을 받던 그 당시, 이곳은 황제의 능[5]을 쓰기에 매우 이상적인 장소였다.

풍수지리 말고도, 야율아보기의 무덤으로 이곳을 선택한 또 다른 중요한 이유가 있다. 이 일대가 거란 질랄부의 발상지이며, 아보기의 4대 선조가 태어나고 생활한 곳이었기 때문이다.

2003년부터 동신림이[6] 이끄는 고고학 연구팀이 이 지역을 전면적으로 조사하기 시작했다. 중국사회과학원 고고연구소 연구원이고 석사과정 지도교수인 동신림은 1989년 길림대학 고고학과를 졸업한후, 베이징대학 대학원에서 공부하였으며, 1996년부터 내몽고 발굴팀 팀장을 맡고 있다. 동신림은 조릉을 조사하기 위해 충분한 준비를 하였는데, 그 중 하나가 거란족의 역사를 이해하는 것이었다. 거란인은 중국 만리장성 밖 적봉 일대에서 살았다. 거란은 '단철과 도검'이라는 의미로, 일찍이 1400여 년 전, 사납고 용맹한 거란인에 대한 기록이 『위서』에 보인다.

거란은 동호 계통에 속하며, 선비족의 부족 중의 하나인 우문부에서 나왔다. 거란은 옛 중국 북방계 소수민족의 하나이며, 오랜 역사 변화 과정 속에서 당나라 때 이르러 여덟 개의 부족을[7] 형성하였다. 872년 거란 질랄부의 지위 높은 가문에서 초원의 숫매라는 뜻의 야율아보기가 출생했다. 질랄부는 거란 여덟 부락 가운데 가장 강대하였으며, 아보기의 가족은 이 부족의 '이리근'을 '대대로 선출'하는 특권을 가지고 있었다. '이리근'은 부족의 군사를 관장했고 자못 권세를 누렸다[8]. 그러나 아보기가 출생하기 전, 그의 할아버지는 피비린내 나는 부족 내부의 권력 쟁탈전 중에 암살당했다.

아보기가 출생할 무렵에도 질랄부에서는 여전히 이리근 쟁탈 투쟁이 진행되고 있었다. 할머니 단심타는 정적에게 상해를 입었지만, 아보기의 얼굴을 까맣게 칠해 다른 쪽 장막에 숨겨 그의 생명을 보전하였다.

성장한 후의 아보기는 체격이 크고 말 타고 활쏘기를 매우 잘해, 3백 근이나 되는 큰 활을 당길 수 있었다. 901년 겨울, 그는 질랄부의 이리근이 되었다. 이리근이 된 아보기는 군대를 이끌고 사방을 정벌하였다. 실위, 오고, 여진과 해인을 차례로 정복하고 중국 땅을 약탈했다. 그리하여 거란의 토지와 사람, 가축, 재산은 급격히 늘어났다. 전쟁! 여기서 아보기의 능력이 드러났다. 907년 아보기는 칸에 올라 거란 여덟 부족 연맹의 수령이 되었다. 그러나 아보기가 칸의 자리에 오름과 동시에 형제 사이의 권력 투쟁도 막이 올랐다.

거란 사회에서는 연맹의 수령을 3년에 한 차례씩 선거로 뽑는 것

야율아보기(872-926. 9. 6)는 중국식 이름이 야율흘이고, 거란국을 건국한 임금이다. 용감하여 말타기와 활쏘기를 잘 하였고, 똑똑하여 세상의 업무에 통달했다. 거란의 나머지 일곱 부족을 병합하였다. 한인 한연휘(韓延徽) 등을 임용하여 법률을 제정하고 습속을 개혁하여 거란 문화를 창조하였고, 농업과 상업을 발전시켰다. 916년 신하들과 여러 속국에서 대성대명천황제라는 존호를 올렸으며, 신책이라는 연호를 제정하였다. 20년 동안 재위하였는데, 9년 동안은 칸으로, 916년 이후 11년 동안은 황제로서 통치하였다. 묘호는 태조이다.

이 전통이었는데, 이를 세선제라고 하였다. 야율 가족에는 능력 있는 성년 남자가 여럿 있었고, 그들 모두 칸이 될 수 있는 기회가 있었다. 그런 까닭에 아보기의 동생들도 모두 칸이 되려는 꿈을 키웠고, 칸을 바꾸는 선거를 간절히 원하였다.

911년, 아보기가 칸을 맡은 지 5년이 되었을 때, 아보기가 칸 선출 대회를 소집하지 않으려하자 그의 친형제인 랄갈(剌葛), 질랄(迭剌), 인저석(寅底石), 안단(安端) 네 명이 모반을 꾀했다. 안단의 아내의 밀고를 받은 아보기는 한발 앞서 모반을 준비하던 네 동생을 체포하였다. 아보기는 형제의 정을 생각하여 동생들을 죽이지 않고, 그들을 데리고 큰 산에 올라가 희생물을 죽여 하늘에 서약하고, 2년 후에 칸을 선출하는 대회를 소집하겠다고 약속한 후에 그들을 사면하였다.

 2년 후가 되자 아보기는 군대 일이 바쁘다는 이유로 또 다시 칸을 뽑는 선거를 거절했다. 우월[9] 야율할저와[10] 척은[11] 야율활가가[12] 동생들을 선동하였다. 네 동생은 군대를 거느리고 아보기가 돌아오는 길을 막고 칸을 뽑는 대회를 소집하라고 압박했다.

소식을 들은 아보기는 기선을 제압하여 즉시 '시책의(柴冊儀)'를 거행했다. 시책의는 땔나무를 쌓아 제단과 같은 모양을 만들고 불을 붙인 후에 하늘에 제사를 지내는 것이다. 거란의 전통 관습에 따르면, 누구든 시책의를 거행하면 합법적인 칸이 되었다. 아보기는 이러한 전통을 이용하여 연임을 기정사실화하였다. 동생들은 이번에도 어쩔 수 없이 둘째 날 사람을 보내 사죄할 수밖에 없었다.

그런데 얼마 되지 않아 아보기는 새로운 도전에 직면했다. 연속 3년 동안 계속 칸 자리 쟁탈을 거치면서 질랄부의 세력이 매우 약해진 것이다. 질랄부를 제외한 일곱 부족의 추장들은 적당한 때 아보기를 칸 자리에서 끌어내리기로 결정하였다. 이들 부족의 추장들은 아보기가 끝까지 칸을 독점하려고 하며, 이렇게 되면 그들이 칸을 선출하고 맡을 수 있는 기회가 자연히 없어지리라는 사실을 알아차렸다. 그래서 그들은 힘을 합해 아보기를 압박하기로 결정했다.

915년은 아보기가 칸을 맡은 지 9년째이자 새로 칸을 선출하는 해였다. 그 해에 아보기는 황두실위를[13] 토벌하였다. 그가 돌아올 때, 일곱 부족 추장들이 대규모의 군사를 이끌고 앞에 있는 것을 보았다. 그들은 전통적인 칸 선거제도 회복을 명분으로 아보기에게 칸 자리에서 내려오라고 요구하였다. 사람들이 의외라고 느낄 만큼, 야율아보기는 시원스레 응답하였다.

아보기는 이 상황을 명확히 인식하고 있었다. 즉 일곱 추장이 제기한 요구는 합리적이며, 만약 자신이 응하지 않으면 전투가 벌어질 것이고, 일단 전투가 벌어지면 질랄부가 손해를 보는 것은 말할 것도 없고 자칫하면 거란족이 해체될 가능성도 있을 것이다. 그래서 그는 당장의 분란을 피하기로 결정하였다. 후퇴함으로써 전진하려는 것이었다.

칸의 자리에서 내려온 아보기는 질랄부가 있는 파림좌기로 돌아가지 않고, 자기에게 소속된 한인들을 데리고 난하[14] 상류의 하북 고원현 경내로 가서 새 성을 쌓고 편안하게 살았다. 아보기가 세운 새로운 성은 탄산 한성으로 불렸다. 그가 그곳을 선택한 이유는 탄산에서 소금이 많이 났기 때문이다. 당시 거란의 부족들이 사용하는 소금은 모두 이곳에서 공급했다. 아보기의 부인 술률평(述律平)은 소금을 이용하여 화근을 뽑아버리고 재기할 방법을 생각해냈다.

얼마 안 되어 아보기는 일곱 부족의 추장에게 사람을 보내, "너희들이 소금을 먹을 줄은 알면서 어째서 소금의 주인에게 감사할 줄은 모르는가?" 라고 물었다. 경계심을 푼 일곱 추장은 날짜를 정해, 술과 고기를 갖고 와서 야율아보기를 대접하였다. 거란판 홍문의 연회에서[15] 아보기의 호령이 떨어지자 복병이 벌떼처럼 일어나 술에 취한 추장들을 모조리 죽였다. 이 사건으로 아보기는 다시 거란을 장악하고 권력을 회복했다.

아보기의 주변에는 한족 지식인들이 있었다. 그들은 아우들의 반란과 여러 부족 추장들의 권력 쟁탈의 원인을 분석하여 아보기에게 제출했다. 그 원인은 칸을 3년마다 다시 뽑는 거란의 전통적 제도 때

공신문
안국사
건덕문
대 내
북 원
제천
황후
택
원비택
개황전
남 원
승천문
안동문
일
월
궁
공묘
국자감
절의사
웃수사
팔작사
임황현
임황부
역철사
천장관
장태현
숭효사
건국비
금원
공원
성사 창고
천웅사
남횡가
대순문
역속현
천요현
로현
홍인현
금봉문
동문역
영춘문
선화현
복선사
임황역
정패현
보화현
회골영
남복문
순양문

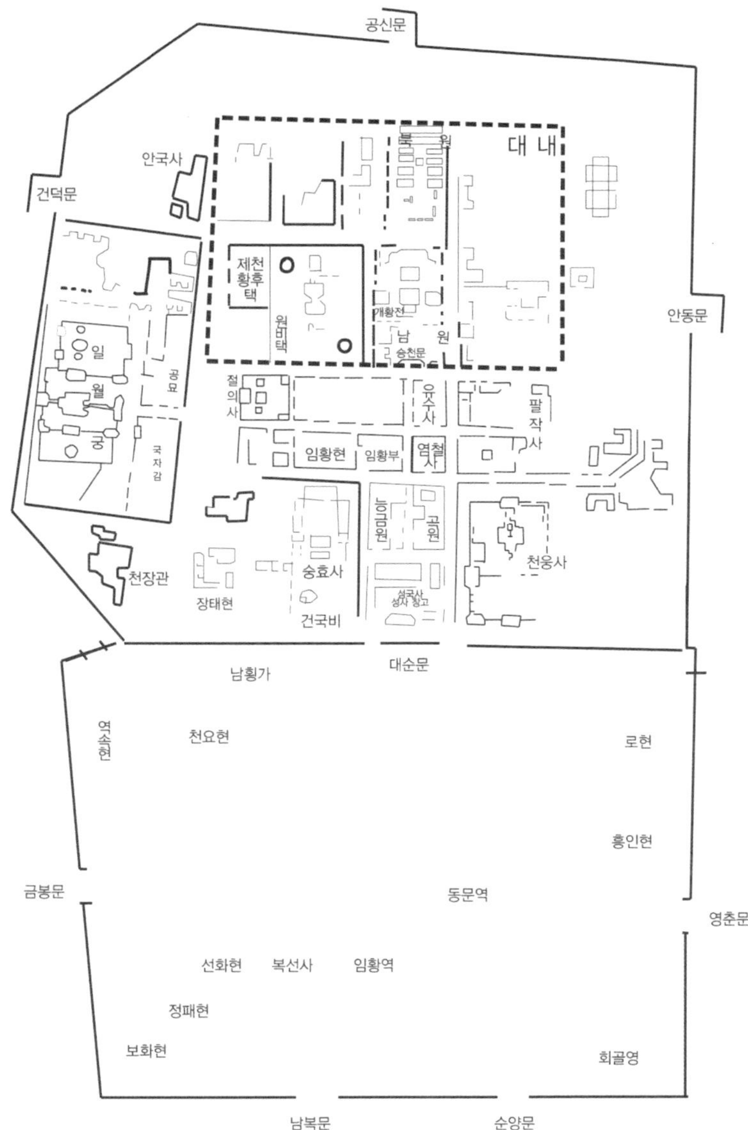

그림 1-1 상경성 평면도

문이며, 중원의 황제는 모두 종신제여서 교체하는 제도가 없고 부자가 대를 이어서 황제의 자리를 세습한다고 알려주었다.

916년 2월, 아보기는 중원을 본받아 정식으로 황제를 칭하고, 나라 이름을 거란, 연호는 신책이라 하고, 거란 귀족을 핵심으로 하는 정권을 수립하였다. 아보기는 스스로 대성대명천황제(大聖大明天皇帝)라 칭하고, 부인은 응천대명지황후(應天大明地皇后)라 하였으며, 장남 야율배(耶律倍)를 태자로 삼아 황제 세습제도를 확립했다.

거란국의 건립은 거란의 역사상 가장 큰 사건으로, 거란 민족이 씨족사회에서 점차 봉건사회로 진입하기 시작한 것을 보여주는 이정표로서 의의를 갖는다.

거란족 역사의 신기원을 연 야율아보기는 한족 출신 고위 관료의 건의를 받아들여 상경을 건설하기 시작했다. 918년 지금의 내몽고 파림좌기에 거란국 수도 상경이 완성되었다. 상경성은 남북의 두 부분으로 나뉘어져 있으며, 성 북쪽이 황성이고 남쪽이 한성이다. 둘레는 27리이다.

"아보기는 북방 초원 위에 최초로 도성을 건설했습니다. 이것은 전례 없는 창의적 행위로, 상징적 의의를 갖습니다. 이후 금, 원 같은 왕조의 도성 건설에도 커다란 영향을 미쳤습니다."(이석후[16] 중국사회과학원 역사연구소 연구원)

그림 1-2 호가십팔박 중 제7박에 나오는 날발의 모습

날발

거란어의 음역으로, 요 나라 황제의 행궁이라는 뜻이다. 요 나라 황제는 선조들의 유목생활 중에 형성된 관습을 그대로 유지하여, 일정한 곳에 거처하지 않고 사계절마다 옮겨 다녔다. 이 때문에 황제는 사계절별로 각각 거처하는 곳이 있었고, 이것을 날발 또는 사계절 날발이라고 불렀다. 시대가 변하면서 사계절 날발의 지역도 달라졌다. 요 나라 이래로 '날발'이라는 단어는 행궁, 행영, 행장이라는 본래의 뜻에서부터 제왕의 사계절 어렵 활동, 즉 소위 '봄 물고기잡이, 가을 사냥, 여름과 겨울 날발'을 가리키게 되었으며, 이를 합쳐서 '사계절 날발'이라 하였다.

비록 상경을 건립했지만, 아보기가 성 안에 거주하며 공무를 처리하는 일은 매우 적었다. 그 원인은 거란 왕조의 4계절 날발로 설명할 수 있다. 거란은 말을 타고 사는 민족이며, 거란 황제는 건국 후에도 유목민족의 4계절 유목 방식과 마차를 집으로 삼는 생활 방식을 그대로 유지했다. 매년 봄, 여름, 가을, 겨울, 아보기와 후계자들은 서로 다른 네 지방에 거주하였고, 이를 사계절 날발이라고 불렀다. 날

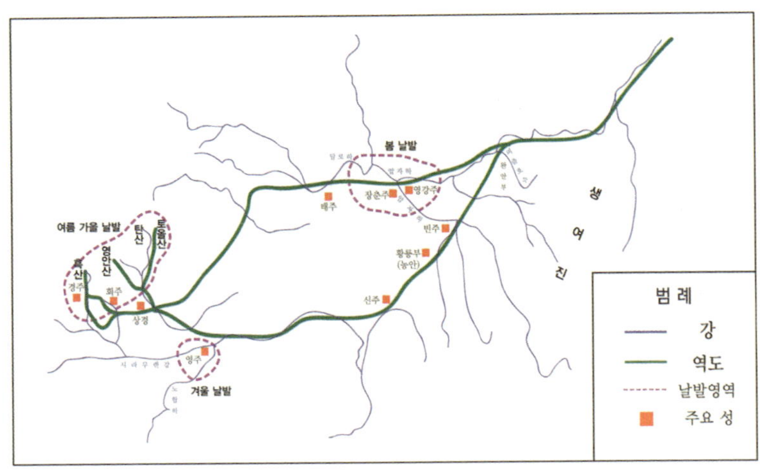

그림 1-3 요의 사계절 날발

발은 거란말로, '행궁'이라는 뜻이다.

거란국 정부의 중심이 일년 사계절 모두 밖에서 이동하였기 때문에 사람들은 거란국을 '움직이는 나라'라고 불렀다. 우리는 역사적으로 유명한 『호가십팔박도』에서 날발의 정경을 볼 수 있다. 전문가들의 고증에 의하면, 호가십팔박은 비록 문희(文姫)가 한(漢) 나라로 돌아가는 고사를 소재로 한 것이지만,[17] 묘사한 인물과 장면은 오히려 초원에서 생활한 거란족이다.

거란국 황제들은 보통 자연 조건에 따라서 봄에는 길림 대안의 압자하락, 여름에는 대개 대흥안령 남록의 토올산, 가을에는 내몽고 옹우특기의 복호림, 겨울에는 일반적으로 내몽고 내만기의 광평정을 날발 장소로 선택하였다. 날발의 대열에는 신하들도 많이 동행하였다. 거란국 황제들은 사계절 날발에서 단지 사냥이나 피서를 하는 것은 아니었고, 국가의 중요한 일들을 날발의 회의에서 많이 결정하였다. 그 중 겨울과 여름 날발이 중요했다. 이 때문에 날발이 거란국 정치의 중심지였고, 상경은 상징적인 장소에 불과했다.

거란 사람들은 태양을 숭배했다. 사계절 날발 때 황제의 천막은 서쪽에 설치하여 동쪽을 향하였고, 문무백관의 천막은 궁정의 양쪽에 나누어 설치하였다. 왼편에는 북쪽 천막의 관원들이 자리잡았으며, 이들은 북면관이라고 부르고 거란인을 다스리는 책임을 맡았다. 황제 천막의 오른편에 있는 남쪽 천막의 관원은 남면관이라고 하며, 한족의 일을 처리하였다. 거란인을 다스리는 데는 거란 민족의 본래 법률을 사용하였고, 한인을 관리하는 데는 당 나라의 법률을 사용하였다. 이에 따라 거란국에서는 '각 민족의 습속에 따라 다스린다'는 통치 방침이 나타났다.

그림 1-4 호가십팔박도 중 14박도.(남송, 미국 뉴욕 메트로폴리탄 박물관 소장)

곤발

남자 머리 모양의 한 종류이다. 거란 습속을 살펴보면, 남자는 곤발을 많이 했다. 곤발은 고대에 몇몇 지역의 소수민족이 사용한 머리모양으로, 『후한서』『삼국지』『남제서』 등의 역사책에 모두 기록되어 있다. 곤발은 정수리 부분의 머리털을 모두 깎고, 양쪽 살쩍이나 이마 부분만 조금 남겨서 장식하는 것이다. 이마 앞에 짧은 머리를 한 줄 기르는 사람도 있고, 귀 옆 머리를 풀어헤치는 사람도 있고, 또 머리를 좌우 두 가닥으로 다듬어서 여러 가지 모양을 만들어 어깨까지 늘어뜨리는 사람도 있다. 곤발의 양식은 세상에 전해오는 『탁헐도』, 『거란인수렵도』, 『호가십팔박도』 등 요 나라 무덤 벽화 속에서도 볼 수 있다.

'각 민족의 습속에 따라 다스린다'는 통치제도는 자못 창의적이며, 각 민족의 거주 지역과 문화가 다른 데 바탕을 두고 제정된 독특한 통치제도라는 점이 특징이다. 이러한 제도는 '일국양제'라고 할 수 있다. '각 민족의 습속에 따라 다스린다'는 민족 정책을 시행하면서 거란의 통치자는 또 일련의 '인성화(人性化)'정책을 채용하였다. 고향을 떠난 한인들이 낯선 초원에서 고향의 느낌을 간직하도록 하기 위하여, 거란의 통치자들은 같은 지역에서 옮겨온 한인을 한 곳에 집중적으로 모여 살게 하고, 그 주현의 명칭도 그들 고향의 것을 그대로 사용하게 하였다.

이러한 주현 명칭이 『요사』에 적지 않게 기재되어 있다. 예를 들면, 아보기가 밀운에서 사로잡아온 한인들은 요 나라 국경 안에 밀운현을 세워 거주하게 하였고, 유주 노현에서 사로잡은 한인은 요 나라에 노현을 설치하여 살게 하였다.

'각 민족의 습속에 따라 다스린다'라는 거란의 이념은 일상생활과 예의 풍속, 문화 측면에도 적용되었다. 중원의 한인들은 예로부터 자기 민족의 복장과 장식, 머리 모양을 중시하였으므로, 거란 사람들의 곤발 모양과 '호복'을 따르지 않으려고 하였다. 거란의 통치자들은 한족의 그러한 심리를 잘 알고 있었기 때문에 초원에 정착하여 생활하는 한인들에 대하여는 복식, 머리 모양 등을 바꾸도록 강요하지 않았다. 이 점에서, 거란인은 청나라 통치자에 비해 생각이 깨어있었다고 하는 것이 마땅하다. 청나라는 중원을 점령하고서 한인들에게 강제로 머리를 깎고 땋은 머리만 남기게 하였다. "머리털을 남기면 머리를 남겨두지 않고, 머리를 남겨두면 머리털을 남겨두지 않는

그림 1-5 거란 대자로 쓰여진 도종의 애책(묘지명)
(파림우기 박물관 소장)

다"는 청의 정책으로 인하여 많은 사람이 목숨을 잃었다.

건국 초기 거란에는 문자가 없었다. 상경성을 건설한 지 2년 후 아보기는 문자를 만들라고 명령하였다. 거란 문자는 거란 대자와 거란 소자로 구분된다. 거란 대자는 예서의 반쪽에 획을 더하거나 빼서 만들었다. 거란 소자는 표음

그림 1-6 거란 소자

그림 1-7 거란 대자가 새겨진 은전

문자로, 300여 개의 한자로 음을 표시하는 자모를 만들었다.

이어서 아보기는 거란의 제1부 법률인 '결옥법'을 제정하고 재상제도를 개혁했다. 아보기는 거란의 여덟 부를 나누어 남북 두 개의 재상부에 소속시키고, 두 부의 재상은 황제가 직접 임명하였다. 이러한 조치 후에 부족의 추장들이 모여서 논의하는 제도의 잔재가 완전히 청산되었으며, 황제 세습권은 예전에 비할 수 없이 공고해졌다.

조릉 대문 우측 산성 위에 태조의 공적을 기록한 비석의 누각이 있었다. 귀부 위에 세운 높고 큰 돌 비석에 아보기의 커다란 공훈과 위대한 업적을 새겼다.

돌로 만든 비석은 금 나라 군대가 파손하였고, 비석의 누각이 있었던 자리는 조릉의 일부였습니다. 귀부의 부피와 비석을 세운 홈의 크기로 분석해보면, 그 비석의 높이는 2미터 가량 되었고, 비면에는 적어도 5천 여 자의 글자가 새겨져 있었습니다.(동신림)

2007년 고고학 발굴조사 단원들이 태조의 공적을 기록한 비석을 세웠던 누각 유적지를 깨끗하게 정리하면서 거란 문자와 한자로 쓴 돌 비석의 조각들을 발견하였다. 그 가운데 '발해'와 '유주' 등의 한자가 있었다. 사람들과 함께 그 당시로 돌아가 보자.

907년, 아보기가 칸의 자리에 올랐을 때 당 제국은 이미 붕괴되었고, 중원은 군웅이 할거하여 여러 해 동안 혼전을 벌이는 오대시기에 진입한 상태였다. 아보기는 기회를 엿

그림 1-8 거북모양 비석 받침

보아 움직이려는 나름의 계획을 가지고 있었다. 그가 정말로 얻고 싶었던 것은 유주성[18]이었다. 유주는 연경이라고도 불렀으며, 오늘날의 북경이다. 유주가 장성을 지키는 지역이었으므로, 북방 유목민족에게는 장애물이었다. 거란인이 일단 유주를 차지하고 나면, 남하하는 철기군 앞에는 광활한 평야만 펼쳐질 것이다.

그러한 목적을 달성하기 위해 거란 건국 2년, 아보기는 중원에 대한 제1차 전쟁을 시작했다. 아보기는 30만이나 되는 우세한 병력으로 현재 중국 하북성 탁록 지방에서[19] 진(晉) 나라 군대를 공격하여 패배시키고, 유주를 무려 200일 넘게 포위 공격하였다. 그러나 이후 진왕이 보낸 구원군에게 대패하였고, 추격해오는 진군에게 죽임을 당하고 사로잡힌 자가 만 명이나 되었다. 숫매처럼 용맹한 야율아보기와 그의 거란 대군이었지만, 제1차 중원 침입은 성공하지 못한 채 날개가 꺾여 돌아왔다.

921년 가을, 아보기는 또 한 차례 대군을 이끌고 중원으로 남하하여 진왕 이존욱(李存勖)과[20] 하북 일대에서 격전을 치렀으나 끝내 실패하여 철수하고 말았다. 두 차례의 남하에서 실패한 교훈을 바탕으로 아보기는 전략 방향을 조정하였다. 먼저 북방의 유목 부락과 동북 지방의 발해국을 공략하여 두 방면의 위협을 제거한 후 적당한 때에 중원을 엿보기로 결정한 것이다. 이후 아보기는 대군을 이끌고 서쪽으로 진격하여 토욕혼, 당항(탕구트), 조복 등의 부족을 잇달아 정복했다. 거란제국의 말발굽은 북쪽으로는 여구하(臚朐河), 서쪽으로는 아이태산(阿尒泰山)의 광대한 지역에까지 이르렀다.

서쪽 원정에서 거란인은 달콤한 수박을 맛보았고, 그것을 가지고 와서 상경에 심었다고 한다. 장성 밖은 날씨가 추웠기 때문에 거란인은 천막을 이용하여 수박씨를 키우는 방법을 발명하였다. 나중에 수박은 거란에서 중원으로 널리 전해졌다.

926년 아보기는 직접 동북지역의 발해국 원정에 나섰다. 강력한 공격을 받은 발해 국왕은 신하들을 이끌고 투항하였다. 아보기는 발해국을 동단국으로 고쳤으니, 동쪽 거란국이라는 뜻이다. 그리고 태자 야율배를 동단왕으로 임명하였다.

수박에 관하여

송 나라 구양수가 쓴 『신오대사(新五代史)』 「사이부록(四夷附錄)」에 "오대 시기에 동주(同州) 합양현 합양현 : 원본에는 '양현'으로 되어 있으나, 『신오대사(新五代史)』 권73, 「사이부록(四夷附錄)」 2에 합양현(郃陽縣)으로 되어 있어, 그를 따라 수정하였다. 오늘날 섬서성의 합양현이다. 현령 호교(胡嶠)가 거란에 들어가 '처음으로 수박을 먹었는데' '거란이 회흘(回紇)을 격파하고 이 씨를 얻어 쇠똥으로 시렁을 덮고서 심었다. 크기는 중국의 동아와 같은데, 맛이 달다.' '주 나라 광순 3년(953)에 호교가 귀순했다.'"고 하였다. 그러므로 수박은 오대 시기에 서역에서 중국으로 전래되었다는 이야기가 맞는 것 같다. 근래 수박에 관한 잡지의 글에서 이러한 견해를 지지하는 경우가 많다. 1981년 호남인민출판사에서 발행한 중학생용 참고 교재인 『의식주 이야기』에도 "수박은 오대시기에서부터 먹기 시작했다."는 구절이 있다.[21]

그림 1-9 야율배, 동단왕출행도 (대만국립고궁박물원 소장)

동단국은 거란국의 일부였지만, 매년 거란국에게 공물을 납부하는 것 외에는 상당히 독립적 지위를 유지하였다. 자기의 국호와 연호를 가졌고, 직접 다른 나라에 사신을 파견할 수 있었으며, 재상 이하의 관원은 동단왕이 스스로 임명하였다. 요 나라는 이곳에서도 "일국양제" 정책을 구현하였다.

926년 7월, 군대를 돌려 귀국하는 도중 야율아보기는 웅대한 뜻을 실현해보지도 못하고 길림성 농안지역의 부여성에서 돌연히 병사했다. 향년 55세였다. 두 달 후 야율아보기의 시신은 상경 지역으로 운구되었다. 이와 동시에 조릉을 만드는 작업도 바삐 진행되었다. 거란 민족 통치자는 한 민족 통치자와는 달랐다. 그들은 살아 있을 때에는 능묘를 만들지 않았고, 황제의 능도 황제가 죽은 뒤에 건설하였다.

석방자(石房子: 돌방) 당시, 돌방은 현재처럼 야외에 외롭게 드러나 있지는 않았고, 조주성(祖州城) 안에 있었다. 돌방 위에는 건물이 있어서 바람과 비를 막아주었다. 또 특별히 조주의 천성군이 주둔하여 조릉을 지켰다. 천성군은 아보기가 살아있을 때의 호위대원으로 구성되었다.

그 때 문제가 하나 발생했다. 역사 기록에 의하면 야율아보기가 죽고 매장할 때까지 1년 2개월의 시간이 있었는데, 그의 시신은 어떻게 보존했을까? 전문가들은 거란인이 전통적인 시신 부패 방지 방

그림 1-10 석방자(石房子: 돌방) 당시, 돌방은 현재처럼 야외에 외롭게 드러나 있지는 않았고, 조주(祖州)성 안에 있었다. 돌방 위에는 건물이 있어서 바람과 비를 막아주었다. 또 특별히 조주의 천성군이 주둔하여 조릉을 지켰다. 천성군은 아보기가 살아있을 때의 호위대원으로 구성되었다.

법을 가지고 있어서, 피를 뽑아내고 배를 갈라 위장을 드러내고 소금을 넣어 미라를 만들었다고 본다. 많은 전문가들이 야율아보기가 사망한 해에는 그의 시신을 조릉 오른쪽에서 멀리 떨어지지 않은 곳에 있는 돌방 속에 두었을 것으로 추측한다. 돌방의 높이는 약 3.5m, 길이는 약 6.7m, 폭은 약 4.8m이며, 일곱 장의 거대한 화강암 석판으로 만들었다. 앞쪽 벽은 석판 두 장으로 만들었는데, 중간에 문을 만들었다. 서쪽에 자리잡고 동쪽을 향해 있어, 태양을 숭배하던 거란인의 풍속과 부합한다.

돌방의 용도에 관하여는 세 가지 견해가 있는데, 동신림은 아보기의 시신을 놓아둔 것이 그 용도의 하나라고 보았다. 927년 8월, 아보기의 시신은 돌방에서 반출되어 묘실 안에 안장되었다. 그러면 시신을 안치한 현궁(묘실)의 위치는 구체적으로 어디일까? 고고학적 실마리와 역사 기록에 근거하여, 동신림은 아보기의 현궁이 조릉 서북쪽의 산언덕에 있다고 확신했다.

『요사』에는 산을 파서 태조릉의 현궁을 만들었다고 기록했다. 산언덕 지표 위에는 인공적으로 운반해 온 황토를 쌓았고, 돌덩어리도 함께 두었다. 동신림은 돌덩이도 다른 곳에서 운반해온 것이며, 홍수에 진흙이 떠내려가는 것을 막아 현궁을 보호하려고 한 조치라고 보았다.

 2010년에는 고고학 전문가들이 흑룡문을 발굴하기 시작했다. 흑룡문 양측은 가파른 낭떠러지이며, 이곳이 조릉으로 들어가는 유일한 입구이다. 작업이 진전됨에 따라 놀라움과 기쁨이 끊이지 않았다. 이곳에서 고고학 전문가들은 벽돌과 돌로 쌓아올린 문이 있었던 자리를 깨끗하게 정리했다. 정리를 마치니 문으로 들어가는 세 개의 길이 모습을 드러냈다. 출토된 유물을 분석해보면, 그 때 문으로 들어가는 길 위에는 당연히 호화로운 건물이 있었을 것이라고 예상되었다. 동신림은 이 능선에서 이렇게 굉장한 문과 세 개의 길이 나오리라고는 예상하지 못하였으며, 형태와 구조로 보면 완전히 제왕의 무덤이었다. 몇 년 동안의 노력을 통해 고고학 전문가들은 조릉의 형태와 구조, 그리고 배치를 완전히 파악하였다.

만기격산을 따라 서북 방향으로 나아가면, 가장 먼저 사람들의 눈에 들어오는 것은 흑룡문 오른쪽에 있는 돌방이고, 그 다음이 바로 태조의 공적을 기록한 비석이 있는 누각이다. 웅대하고 높은 흑룡문의 문루로 들어가 계속 앞으로 나아가면, 차례로 신도, 요(凹)자 모양의 식당, 성종전(聖踪殿)이 나타난다. 성종전 안에 돌로 만든 비석이 서 있으며, 여기에 태조가 사냥한 일이 기술되어 있다. 다시 몇 미터 앞으로 나아가면 눈앞으로 다가오는 것이 태조 천황제의 사당이다. 사당 안에는 일찍이 아보기가 살아있을 때 사용하던 물건을 두어 후대 사람들이 고인을 회상하도록 도왔다. 사당 아래가 바로 야율아보기

그림 1-11 요 조릉 복원도

그림 1-12 흑룡문 복원도

그림 1-13 요 태조 조릉 전경(복원도)

의 시신을 매장한 현궁이다.

"이번 고고학적 발굴은 요 나라 조릉에 대한 1차 정식 발굴로서, 이를 토대로 요 나라 때의 능침제도에 관한 고고학적 연구를 진행하여 『요사』의 내용을 보충하였습니다."(동신림)

그는 또 아보기의 거란국은 중원의 영향을 받으면서 건국하였으며, 따라서 중원의 능침제도가 자연히 이식되었다고 생각했다.

"요 나라 조릉의 능원 배치는 한 나라와 당 나라 능침제도의 핵심을 부분적으로 계승하였고, 또한 자기 민족의 특색을 두루 갖추고 있으므로, 요 나라 초기의 능원 배치 양식을 대표합니다. 거란국 시대의 능침제도는 당연히 중국 고대 능침제도 연구에서 비교적 중요한 지위를 차지합니다."(왕외(王巍))

사람들은 "야율아보기의 현궁이 무사한가?"에 대해 관심을 갖는다. 다음과 같은 대답을 들은 사람들은 안심하게 된다.

"눈에 보이는 정황을 분석해보면, 아보기의 현궁은 안전합니다. 비록 금 나라 군대가 이곳을 지나가면서 땅 위의 건축물을 모조리 약탈했지만, 현궁은 파괴되지 않아 여전히 완전하게 남아 있습니다."(동신림)

그렇다면 야율아보기가 죽은 뒤 누가 그의 뒤를 이어서 거란을 통치하였는가? 아보기가 살아있을 때 이미 태자로 책봉한 야율배가 순조롭게 황제의 보좌에 오를 수 있었을까?

2
자기 손목을 자른 태후

2

자기 손목을 자른 태후

내몽고 파림좌기는 거란 황도인 상경과 야율씨 가족의 발상지로서 풍부한 요나라의 유적이 있다. 어려서부터 문학을 좋아했던 유희민(刘喜民)[22]은 1990년부터 요사를 연구하기 시작하여 《거란 대요왕조》의 집필을 구상했다. 그가 사료를 읽을 때 《요사》 중에 있는 한 단락이 그의 흥미를 불러일으켰다.

유희민은 응천황후가 야율아보기의 부인인 술률평임을 알았다. 그렇다면 무슨 까닭으로 한때를 주름잡았던 거란의 황후가 자신의 손목을 잘라 남편을 위해 순장하였을까? 강한 흥미를 느낀 유희민은 세력을 급속하게 확대하고 변화무쌍한 역사를 가진 거란국으로 빠져들었다.

926년 7월, 야율아보기는 발해국에서 돌아오던 도중에 돌연히 길림

농안의 부여성에서 병사하였다. 그가 별세한 지 3일째 되던 날, 술률평은 거란국의 군사와 정치에 관한 대권을 확고하게 수중에 넣었다.

술률평은 회골인의 후손으로 열네 살에 스무 살이던 야율아보기와 결혼하였다. 그의 어머니는 야율아보기의 고모였다. 술률평은 야율아보기의 고종사촌 누이로 친척끼리 결혼을 한 것이다. 이때부터 아보기는 현명한 내조를 받았다. 술률평은 남편을 위해 계략을 꾸미고 남편의 동서 정벌을 수행했으며, 공훈을 세우고 업적을 쌓아 거란의 영웅이 되었다. 남편과 마찬가지로 술률평도 자기가 지휘하는 2만 명의 기병 호위대인 '속산군[23]'을 조직했다.

913년 3월에 아보기의 형제들이 대규모의 무장 반란을 일으켰다. 술률평은 속산군을 거느리고 영웅적인 작전을 수행하여 칸의 지위를 상징하는 '깃발과 북' 그리고 선조의 '신장(神帳)[24]'을 탈환하여 아보기의 부족연맹 영수의 지위를 보전해 주었다. 이것이 그녀 스스로의 군사적 재능을 보여준 첫 번째 사건이다.

3년 후, 아보기가 대군을 이끌고 당항족을 정복하느라 거란 후방에 빈틈이 생기자 황두실위와 후백실위 두 부락이 대대적으로 공격해 왔다. 이들의 공격을 미처 예상하지 못하고 최고사령부를 지키고 있었던 술률평은 황망하게 도망쳤다.

술률평은 비단 군사에 관한 재능 뿐 아니라 인재를 발굴하는 데도 탁

월했다. 한연휘의 예가 그 좋은 증거이다. 한연휘는 유주 군벌 류수광의 사신으로 거란에 와서 아보기를 알현했으나 무릎을 꿇고 절을 하지 않았다. 아보기가 격노하여 그를 억류했다가 추방하라는 벌을 내렸다. 술률평은 한연휘가 나라를 다스리는데 얻기 어려운 인재임을 알아채고 남편에게 추천하였다.

《요사》에서는 한연휘의 공적을 "태조 초년에 여러 가지 일을 최초로 시작하였다. 도읍을 세우고 궁전을 건설하고 군신 관계를 바르게 하고 명분을 정하여 법도가 정연해진 것은 연휘의 힘"이라고 높이 평가하고 있다.

그림 2-1 요 상경성 공자의 사당(복원도)

그러나 술률평은 동시에 매우 악독하고 잔인한 여인이기도 했다. 탄산 한성에서 계략을 써서 거란의 일곱 부족의 추장을 죽여버린 일이 있었는데, 이 또한 그녀의 아이디어였다.

술률평은 본디 기가 센 여인이었지만, 아보기의 뛰어난 재능과 원대한 계략에 눌려 지내다 아보기가 별세하자 그녀를 통제할 사람이 없어진 것이라고 말하는 사람도 있다.

그러나 야율아보기가 별세한 후에 거란의 군사와 정치의 대권을 장악할 만큼 결단력 있고 능수능란했던 여인은 도리어 이마에 내 천(川)자를 그리고 있었다. 무슨 일이 그녀를 짜증나게 한 것일까?

당시의 급선무는 거란 민족과 거란을 위해 좋은 황제를 보위에 올리는 일이었다. 이 문제가 그녀를 조금 심란하게 하였다. 술률평과 아보기는 아들 셋을 두었다.

장자 야율배는 중원문화에 깊은 감화를 받아 유가문화를 추앙했다. 그는 공자 사당을 세워 때에 맞춰 제사를 드리자고 건의했다. 야율배는 다재다능하였고 정열적으로 한학을 공부하였다. 음양, 음악, 침술, 의약에 통달하지 않은 것이 없었고, 거란 문자와 한자로 우아한 문장을 지을 수 있었다.

동시에 아율배는 명실상부한 그림의 고수였다. 그의 그림은 나중에 송나라 왕실의 진귀한 소장품이 되었다. 전하는 말에 의하면, 이《번기도》는 아율배가 그린 것으로, 그림 속에 있는 침울하고 시무룩한 사람이 바로 그 자신이다. 916년, 거란 건국 후에, 아보기는 장자 야율배를 황태자로 세우고 인황왕으로 봉했다. 장자

그림 2-2 야율배, 동단왕출행도 부분(대만 국립고궁박물원 소장)

야율배가 황제의 자리를 계승하리라고 아보기가 생각한 것은 중원 왕조의 적장자계승제도와 부합하였다. 그의 즉위는 마치 순리인 것 같았다.

아보기의 둘째 아들은 야율덕광이다. 덕광은 말타고 활쏘기에 정통했고 정벌과 전쟁에 뛰어난 능력을 가졌다. 20세에 거란국의 천하

그림 2-3 집마도

병마대원수에 임명되었다. 아보기의 막내는 야율이호이다. 이호는 군대를 부릴 수 있는 능력이 없었고, 거란국 건립 과정에 어떠한 공훈도 세우지 못했다. 그는 단지 힘이 무척 셌으며 성품도 난폭했다. 그는 사람을 보내 다른 이의 얼굴을 칼로 마구 찌르게 한다든가 혹은 불에 처넣어 태워 죽이는 것을 즐겼다.

유희민은 사서에서 야율아보기가 살아있을 때, 세 명의 아들을 시험해보았다는 사실을 발견했다. 이에 의하면, 아보기는 세 아들에게 장작을 패게 했다고 한다. 둘째 덕광이 가장 먼저 임무를 완수했는데 그는 팬 장작이 말랐거나 축축한 것에 상관없이 모든 장작을 묶어가지고 돌아왔다. 큰 아들 야율배는 마른 땔감만을 골라 좋은 것을 묶어 등에 지고 돌아왔다. 막내 야율이호는 오직 제 맘대로 몇 개의 뿌리를 주워 담아 돌아왔다고 보고했다.

아보기가 아내에게 말하기를, 내가 보기에는 큰 아들은 완전함을 추구하며, 둘째는 목표가 명확하여 큰일을 맡을 수 있는 사람이며, 막내는 성공하기 어렵다고 하였다. 그렇지만 술률평은 도리어 막내 이호를 편애했다.

술률평은 큰아들을 좋아하지 않았다. 야율배가 유가 학술과 중원 문화를 열렬하게 숭상했기 때문이다. 그녀는 야율배가 황위에 오르고 나면 용맹하고 호전적인 거란인을 유교 문화로 개조시켜 시나 읊고 그림이나 그리는 서생으로 만들어버릴까 매우 걱정하였다.

야율배와 비교하여 둘째 아들 야율덕광은 무술과 지략이 출중하였는데, 술률평은 이를 매우 기뻐하여 위안을 삼았다. 그녀의 구미를 더욱 당긴 것은 덕광의 혼인이었다. 덕광이 아내로 얻은 이가 자신의 조카딸이었기 때문이다. 큰아들과 둘째 아들 사이에서 그녀의 저울은 후자에게로 기울었다.

그러나 이때는 이미 거란이 건국한지 10년이 되었으므로 황제 세습제가 근본적으로 국민들에게 받아들여진 때였다. 그러므로 남편이 지정한 계승자인 태자 야율배를 교체하려면 저항을 받을 수밖에 없었다. 어떻게 하면 장애물을 치워버릴 수 있을까?

술률평은 지략이 뛰어나고 독하고 수단이 악랄한 정치가였다. 둘째 야율덕광을 황위에 올리기 위해 심사숙고한 후에 자승자박의 방법을 생각해냈다. 태자를 바꾸는 큰 계책에 장애물이 되는 '반대파'를 제거하는 것이다.

술률평(879~953년)

어렸을 때의 자는 월리타이며, 그의 조상은 회골인이다. 열네 살에 술률평은 약관 스무살의 용맹을 겸비한 야율아보기와 혼인하였다. 당 천우 4년(907)에 아보기가 칸으로 즉위한 후, 군신들이 황후에게 '지황후'라는 존칭을 올렸다. 신책 원년(916)에 '응천대명지황후'라 칭했다.

《거란국지》에 이렇게 기재되어 있다. 아보기가 별세한 후 얼마 되지 않아 술률평은 중요한 고위 관료들을 소집하여 다음과 같은 대화를 나누었다.

술률평 : "당신들은 돌아가신 황제가 그리운가?"
대신들 : "돌아가신 황제의 은혜를 입었으니 어찌 생각하지 않을 수 있겠습니까!"
술률평 : "그렇게 생각한다면 마땅히 그를 보러 가라"

술률평이 생각지도 못한 말을 하자 아보기와 생사를 같이한 문무 중신들은 반박할 여지도 없이 참수되어 순장되었다. 대신들은 무고하게 살해되었고, 그들의 식솔들은 속수무책으로 울고불고할 뿐이었다. 술률평은 도리어 그들에게 냉정하게 대답했다. "내가 이렇게 과부살이를 하고 있으니 너희들도 마땅히 나를 본받아야 한다!" 이후 관원과 친척들이 이 사건에 의심을 품자 술률평은 도리어 "돌아가신 황제의 유지를 전하는 것"이라고 핑계를 대고 수백 수십 명의 대신들을 사형에 처했다. 이때 피해를 입은 대신들 중에는 거란문자를 창제한 야율돌려의 조부뿐만 아니라 아보기의 목숨을 구해준 은인인 야율역진, 거란의 강역을 확장하는 데 공훈을 세운 야율질리

등등이 있었다.

술률평이 공신들을 마구잡이로 학살한 이 사건으로 인해 거란에 귀순한 한족 관원들은 지금의 거란 상황이 별로 좋지 않음을 알아챘고, 많은 수의 한인들이 급히 초원으로 뿔뿔이 도망쳐버렸다. 득의양양해진 술률평은 감히 그녀에게 도전할 사람이 있을 줄은 예상치 못했다.

조사온은 유주전투에서 투항한 한족 관원이다. 어느 날 술률평이 그에게 '돌아가신 황제를 모시라'고 요구했을 때 조사온은 전혀 당황하지 않고 다음과 같이 말했다. "가까운 관계로 따지자면 태후만 한 사람이 없는데 태후는 왜 순장되지 않습니까? 나를 비롯한 신하들이 돌아가신 황제를 모시러 가야한다는 것이 어찌 돌아가신 황제의 뜻입니까!"

술률평은 잠시 말문이 막혔으나 재빨리 이유를 찾아내 대답하였다. "자녀가 어려서 어미가 없으면 안 된다. 국가에 주인이 없기 때문에 나는 당분간 돌아가신 황제를 따라갈 수 없다." 대화가 끝나자 그녀는 돌연히 강철 칼을 꺼내 들고는 조금도 망설이지 않고 자신의 오른손을 찍어내었다. 그리고 사람들에게 그것을 아보기의 관 속에 넣으라 하여 자신의 순장을 대체하였다.

이때 야율배는 이미 28세였으므로 어리고 약한 자녀라 할 수 없다. 《거란국지》에 기재된 이 일화를 통해 우리는 술률평이 왼손잡이이며, 그렇지 않으면 자신의 오른손을 자를 수 없다는 정보도 알 수 있다. 훗날 야율덕광이 요 상경에 있을 때 어머니를 위해 '팔뚝을 자른 누각(단완루)'을 조성하고 비석을 세워 이 일을 기념하였다. 유희민은 사료 검토와 현장 시찰을 통해 단완루가 요 상경 북성에 있다는 결론을 내렸다.

여기서 얻은 교훈은 술률평이 많이 자제했고 조사온도 더 이상 추궁하지 않았다는 것이다. 그러나 술률평이 자신의 손목을 자른 일은 신하들에게 엄청난 공포 분위기를 조성했다. 이때부터 황제의 친족과 친척, 문무 관리들은 그녀에게 절대 복종하게 되었으며 황태자를 바꿀 수 있는 분위기까지도 무르익었다. 이미 그러한 조짐을 눈치 챈 황태자 야율배 또한 매우 두렵고 불안하여 모후에게 다음과 같이 요청하였다. "나라 안팎에서 대원수 야율덕광의 공훈과 덕망을 따르니 대통을 계승함이 마땅합니다." 그러나 술률평은 바로 자신의 속내를 드러내지 않았고 또 한편의 훌륭한 드라마를 연출하였다. 927년 11월 어느 날 야율아보기를 매장한 후에 야율배와 야율덕광은 말을 타고 나란히 섰다.

술률평은 귀족과 신하들에게 다음과 같이 말하였다. "저 둘은 모두 나의 친아들이다. 나도 누구를 황제로 삼아야할지 모르겠다. 그러므로 지금 여러분들에게 황제를 선출해달라고 요청한다. 그대들

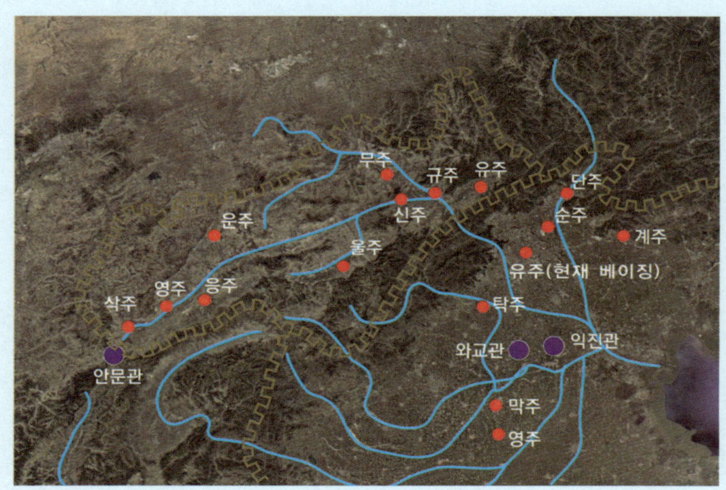

그림 2-4 연운 16주

연운16주

연운 16주는 "유운 16주", "유계 16주"라고도 하며, 후진 천복 3년(938년) 석경당이 거란에게 준 것이다. 현재의 북경, 천진 및 산서 하북 북부의 16개 주이다. "연운"이라는 명칭은 《송사》 지리지에 처음 보인다. 936년 후당의 하동 절도사 석경당은 당에 반란을 일으켜 자립하고 거란에 구원을 요청하였다. 거란은 군대를 보내 진국의 건립을 도왔다. 요 태종과 석경당은 부자의 관계를 맺기로 약속하였다. 약속이 성사되고 나서 2년 후 938년에 석경당은 연운 16주의 땅을 헌납하였고, 이로 인해 요국의 영토는 장성 주변까지 확장되었다.

이 누구를 세울지 생각해서 그 사람의 말고삐를 잡아주면 좋겠다."

말이 떨어지자마자 모든 걸 알고 있던 대신들은 앞 다투어 나아가 덕광의 말고삐를 잡았다. 태자 야율배도 황망히 말에서 내려와 아우의 말고삐를 손안에 단단히 거머쥐었다. 한바탕 실랑이를 하고나서 술률평은 자기의 목적을 달성했다. 그렇지만 그녀는 개인적인 호오로 제멋대로 황제를 세우면서 게임의 법칙을 무시하고 패를 노골적으로 내보여 자기의 비극적 인생의 복선을 깔게 되었다.

전통적인 시책의를 거행한 후, 25세의 야율덕광은 거란의 황제로 즉위하여 태종이 되었다. 술률평 또한 '응천황태후'가 되었다. 단완태후는 무력을 중시한 야율덕광을 제위에 올리고 한 문화에 심취한 장자를 폐위시킨 것이다. 이는 그녀가 초원문화와 중원문화 중에서 선택을 한 것이다.

단원태후 술률평은 장남이 스스로 태자의 자리를 내놓지 않았기 때문에 그만두게 한 것이다. 야율배는 동단국 국왕이 되었다. 야율덕광

그림 2-5 의무려산 망해당 옛 터

요의 중요한 의례 중 하나이다. 요련씨 부족의 조오 칸이 제정한 것이며, 최초로 부족연맹이 칸을 선출한 의례라 전해진다. 요 건국 후에 의례에 규범이 더해졌다. 의식이 열리기 전에 시책전과 제단을 미리 설치하였다. 의식이 시작된 후에, 여덟 부락의 연장자들이 황제를 빽빽하게 둘러싸고 시책전 동북 모퉁이에 이르러 태양을 향해 절을 하였다. 의식을 마치고 황후족의 장자가 황후의 수레를 빠르게 몰았는데, 황제가 넘어질 것에 대비하여 황제를 담요로 가렸다. 황제가 높은 곳에 도달한 후에 대신과 여러 부족의 수령들은 의장 행렬을 갖춰 멀리서 절을 하였다. 황제는 겸손한 말로 조칙을 발표해서 황실이 어진 사람을 뽑아 황제로 삼았음을 보여주었다. 군신은 오직 "황제의 명령에 복종하겠습니다"라고 표시하였다. 이에 황제는 이곳에서 흙과 돌을 쌓아서 표식으로 삼았다. 황제는 이전 황제의 영정에 두 번 절하고 군신들에게 주연을 베풀었다. 다음날 황제는 시책전을 나와 호위태보의 부축을 받고 단에 올랐다. 북부와 남부의 재상이 군신을 이끌고 원형으로 둘러서서 각기 융단의 가장자리를 들고 환호하였다. 추밀사는 옥보와 옥책을 받들어 바쳤고 존호를 올렸으며 군신들은 만세를 세 번 외치고 무릎을 꿇고 두 손으로 땅을 짚은 채 머리를 조아리며 절을 올렸다.

즉위 2년에 동단국 백성 대다수를 다른 지방으로 강제 이주시켰고, 또한 오래지 않아 동단국의 수도를 거란에서 가까운 요양시로 옮겼다. 이는 근본적인 문제를 해결하려 한 것이다. 야율배가 통치하는 백성을 줄였을 뿐 아니라 동단국의 영지도 축소한 것이다. 야율배를 암암리에 배척하여 실권을 잃어버리게 한 것이다.

정치에 싫증이 난 야율배는 자연에 의지하기 시작했다. 요녕성 북진시 의무려산 위에 망해당을 지어놓고 매일 책을 읽고 그림을 그리며

사(詞)를 지어 노래를 부르곤 하였다.

그러나 술률평과 덕광은 야율배의 이러한 행동에도 불구하고 경계심을 늦추지 않았다. 덕광은 연이어 두 번이나 야율배의 관사에 친히 방문하여 이러한 상황을 자세히 알고 있었다. 또한 첩자를 보내 야율배의 일거수일투족을 감시하였다. 야율배는 다가오는 압박을 견디기 어려웠다. 930년 11월 그는 후당에 의탁하기로 결심했다. 떠나기 전에, 그는 다음과 같은 시구를 써내려갔다.

작은 산이 큰 산을 누르니,
큰 산은 전혀 힘이 없네.
고향 사람을 보기에 부끄러우니
이제 외국에 의탁하련다.

야율배가 떠나고 나니 야율덕광의 황제 자리는 견고해졌다. 그는 중원을 향해 군대를 동원하는 것을 고려하기 시작했다. 그리고 어머니와 의견 차이가 생겨났다. 술률평은 초원을 중심으로 생각하는 사람이다. 때문에 그녀는 중원을 향해 군대를 동원하는 일에 대해 그다지 적극적이지 않았다. 그녀의 전략은 한밑천을 잡는 것이지 중원과 지나치게 긴밀한 관계를 유지하는 것이 아니었다. 그러나 덕광

의 꿈은 중원의 황제가 되는 것이었다. 이에 대해 술률평은 야율덕
광에게 의미심장하게 당부하였다. "네가 한족의 땅을 얻더라도 오
래 머물 수는 없다. 만일 뜻밖에 일이 생긴다면 후회막급일 것이다."
936년 거란은 예상치 못한 후한 선물을 받았다. 후당의 절도사 석
경당은 연운 16주를 떼어주고 매년 비단 30만 필을 보내고 야율덕
광을 아버지로 삼고 자신을 신하로 칭한다는 조건으로 거란이 군대
를 보내 자신이 후진의 황제가 되는 것을 도와달라고 요청하였다.

거란의 연운 16주 획득은 그 군사적인 의미는 말할 필요도 없고 중
원문화교류의 중요한 창구를 확보한 것으로 그 영향이 매우 컸다.
만일 연운 16주가 없었다면 거란은 기껏해야 중국 북방의 일개 민족
정권에 지나지 않았을 것이다. 이 땅을 차지함으로써 요 나라는 봉
건적 요소를 좀 더 늘려나갈 수 있었으므로 연운 16주의 보유는 거
란제국에 깊은 의의를 갖는다. 연운 16주를 얻음으로써 바로 요나라
의 남면관과 북면관 제도가 완벽해졌다.

938년, 야율덕광은 요 상경의 승천문에서 의식을 거행하여 석경당
의 사자가 진상한 연운 16주의 지도와 호적을 받았다. 그러나 좋은
시절은 오래가지 않았다. 942년 6월 거란이 지지한 석경당이 사망
하고 그 뒤를 이어 즉위한 석중귀는 석경당과는 달리 야율덕광에게
손자라고는 칭하였으나 신하를 칭하지는 않았다. 이에 덕광은 군대

를 일으켜 남하하기로 결정하였고, 거란과 후진간의 장장 3년에 달하는 전쟁이 시작되었다.

947년 정월, 거란 대군의 무쇠발굽은 마침내 후진의 도성 개봉을 짓밟고 들어갔으며 야율덕광은 어머니의 신신당부를 까맣게 잊어버리고 득의양양하게 한족 황제의 복장을 입고 중원을 장기적으로 통치할 준비를 하였다.

거란군대는 기병을 위주로 하고 '군량을 현지에서 조달하는 방식'을 줄곧 사용해왔다. 개봉을 점령한 후에 거란 군사들은 도처에서 약탈을 자행했다. 이는 중원 사람들의 강력한 반항을 불러일으켰고 야율덕광은 3개월도 채 버티지 못하고 모친이 그립다는 명분으로 초원으로 되돌아오고 말았다. 개봉을 돌아보며 야율덕광은 매우 안타까워하며 말했다. "나는 중원 사람들이 이렇게 다스리기 어려운줄 몰랐다!"

돌아오는 도중에 46세의 야율덕광은 하북 난현의 살호림에서 병사

야율덕광(902~947)

거란의 두 번째 황제. 20세에 천하병마대원수로 임명되어 많은 공적을 세웠다. 그와 마찬가지로 담력과 지혜를 겸비한 모친 술률평이 그를 눈여겨보아 황위 계승자로 그를 전적으로 지지하고 한족 문화를 좋아하는 장남 야율배의 승계를 반대했다. 그에 힘입어 그는 형의 순리적인 승계를 막았다. 947년 2월 24일에 태종 야율덕광은 "대거란국"에서 "대요"로 국호를 개칭하고 요의 황제가 되었다.

하였다.

이 상황에서 사람들은 단완태후 술률평이 확실히 선견지명이 있었음에 감탄하지 않을 수 없었다. 수행한 사람들은 야율덕광의 배를 갈라 내장을 꺼내고 시신 속에 소금을 여러 차례 뿌려 시신을 보존하여 초원으로 돌아왔다. 한창 때의 장년이었던 야율덕광이 병사하자, 함께 출정하였던 거란의 귀족들과 장군들은 엄청난 공포를 느꼈다. 그들은 단완태후 술률평이 아들을 잃은 고통을 쏟아내어 아보기가 죽던 그 해의 대 살육극의 일막이 다시 되풀이될까 봐 걱정하고 염려한 것이다.

술률평의 성격을 분석해보면, 그녀는 틀림없이 태종 야율덕광을 위해 사람들을 무더기로 순장시키려 할 것이다. 이에 야율덕광의 남쪽 정벌에 동행한 장군과 대신들은 앉아서 죽음을 기다릴 수 없어서 다른 새로운 군주를 택하여 자신들의 살길을 구하기로 결정하였다. 이때 사람들은 약속이나 한 듯 영강왕 야율완을 떠올렸다. 야율완은 야율배의 장남이며 야율배는 후당에 의탁하였지만 그는 거란에 남아있었다. 이때 마침 그는 회군하는 무리 속에 있었다. 군대 내의 거란 귀족들은 야율배에 대해 동정을 느꼈고 술률평에 대한 공포와 자신들의 안전을 모두 야율완에게 걸었다.

야율완은 인간관계와 평판이 매우 좋았으며 숙부인 야율덕광이 그에게 선물을 주면 모두 아랫사람과 친구에게 나눠주었다. 또한 야율완은 아버지의 일로 인해 할머니에게 마음속에 응어리가 있었으니 이 때문에 더 많은 사람들이 마음에 들어 하였다. 사료에 의하면 947년 4월, 야율덕광이 병사한지 이틀 만에 거란 권문 귀족들의 추대로 야율완이 야율덕광의 관 앞에서 황제의 자리에 올랐다. 그 후에 그는 대군의 총사령관으로 북상을 계속했다. 이때 술률평은 무슨 생각을 하고 있었을까?

그녀는 이호를 황제로 만들려고 하였다. 온 마음으로 이호를 황위에 올리고 싶었던 술률평은 야율완이 황제로 즉위했다는 소식을 듣고 노여움을 참을 수 없었다. 한편으로는 군대를 수행한 귀족들의 가솔들을 잡아 인질로 삼았고 다른 한편으로는 이호로 하여금 병사를 이끌고 '반역자들을 토벌'케 하였다. 야율완이 장악한 거란의 정예부대

그림 2-6 출행도

는 식은 죽 먹기로 야율이호를 쳐서 대패시키고 돌아왔다.

술률평은 부득이 친히 무장을 하고 자신의 속책군을 거느리고 손자 야율완과의 결전에 나섰다. 고증에 의하면, 이해에 할머니와 손자는 상경성 밖의 시라무렌강(몽골어로 황색의 강) 양쪽에서 대치하였다. 강을 사이에 두고 서로 바라보면서 술률평은 야율완의 부대 속에서 소한을 발견하고 목청을 높여 물었다. "너는 왜 반란에 가담하고 있느냐?" 소한은"애초에 당신이 무고한 나의 어머니를 협박하여 태자를 바꾸려 하였다가 뜻대로 되지 않자 죽여버렸으니, 당신에 대한 나의 원한은 이미 매우 오래되었다!"라고 당당하게 반박했다. 소한은 개국공신인 소적노의 아들로 술률평을 고모라 불렀다. 그 당시 술률평은 죄명을 날조하여 그의 어머니를 죽여 버렸다. 소한의 대화는 허다한 거란의 귀족과 장군의 진심을 표명하고 있는 것이었다.

곧 한바탕 전투가 벌어지려 할 때 야율옥질이라는 인물이 걸어 나왔다. 야율옥질은 척은이었는데, 척은은 황족의 사상교육을 담당하여 황족 내부의 관계를 조화롭게 하는 직책이었다. 그는 거란의 귀족 중에서도 최고의 인물이며 술률평에게 매우 신임을 받는 사람이었다. 그가 용감하게 나와서 이 위기를 해결하고자 하였다. 옥질이 술률평에게 말하였다. "이호와 야율완은 태조와 당신의 자손입니다. 국가의 권한이 다른 외부인의 손에 들어간 것이 아닌데 당신이 이렇게 고집을 부릴 필요가 있습니까? 제가 태후를 대신하여 화의하러 가고 싶습니다."

옥질은 야율완의 군영에 도착해서 야율완에게 다음과 같이 권하였다. "일단 병사를 일으키면 골육상잔을 면하기 어렵습니다. 하물며 승부는 아직 알 수 없지 않습니까? 설령 대왕이 승리한다 할지라도 태후와 이호에게 억류된 인질은 먼저 목숨을 잃지 않겠습니까! 대왕에게 청하노니 태후와 강화하십시오."

야율완의 측근들은 그제서야 자신의 가솔들이 술률평의 인질이 되었음을 깨달았고, 자기도 모르게 대경실색하여 강화와 담판을 제의하였다. 이에 야율완과 술률평은 며칠 후에 담판석상에서 얼굴을 마주하게 되었다.

첫 번째 대면에서 할머니와 손자 두 사람은 설전을 벌였고 원망의

야율옥질(915~973)

자는 적연. 계부방(요사에는 맹부방(孟父房)이다) 출신으로, 정치가이자 학자이다. 야율아보기가 큰아버지 뻘이다. 《요사》에서는 "자질이 순박하고 고요하였으며 도량과 식견이 있었고 신중한 사람이었다. 뜻밖의 일을 당해도 침착하게 처리하니 사람들이 그의 도량을 헤아릴 수 없었다. 박학하고 천문에 밝았다"라고 서술하고 있다. 태종, 세종, 목종, 경종의 네 임금을 섬겼으며, 일을 처리하는 데 있어 과감하고 중재를 잘하였다. 황위 계승을 둘러싼 두 차례의 대란을 평정하는 데 참여하였고, 요의 초기 정권을 공고히 하고 사회를 안정시키는데 중요한 역할을 하였다. 척은, 우피실상온, 북원대왕을 역임하고 우월까지 맡았다. 보정 5년(973)에 사망하였다.

말들이 휘몰아쳤으며 쌍방 모두 양보할 의사가 없었다. 이러한 정경을 보고 옥질은 말 위에서 일어나서 다음과 같이 말하였다. "오늘 당신들 할머니와 손자 두 사람이 여기에 함께 앉으면 자연스레 화해할 줄 알았는데, 지금은 도리어 서로 양보하지 않으니 어떻게 이야기를 계속할 수 있겠습니까?"

할머니와 손자 두 사람의 동의 아래 담판의 주도권을 장악한 옥질은 술률평에게 "애초에 야율배가 태자였는데 어째서 태후께서는 태종으로 바꾸려 하셨습니까?" 라고 질문했다. 그러자 술률평은 이에 "그것은 태조의 유지였다."라고 대답하였다. 옥질은 몸을 돌려 야율완에게도 질문하였다. "대왕은 왜 독단적으로 군영에서 황위에 오르고 태후에게 미리 말씀을 올리지 않았습니까?" 야율완이 노기등등하여 "나의 부친이 애초에 응당 황위를 계승해야 했거늘 할머니가 옹립하지 않았기 때문에 나도 또한 보고하고 싶지 않았다."고 하였다. 할머니와 손자 양쪽의 말을 들은 후, 옥질은 그들의 일처리가 공정하지 않았음을 알리고 야율완에게 엄중하게 말하였다. "인황왕이 자기의 나라를 버리고 후당에 의탁하였으니 세상에 어디 이러한 아들이 있겠는가? 대왕의 몸은 왕손인데 병력을 배치하여 할머니를 핍박하고 조금도 양보할 뜻이 없으니 이 또한 어찌 효도하고 공경하는 도리라고 할 수 있겠는가?"

야율옥질은 말머리를 돌려 술률평에게 말하기를 "태후께서는 자신의 사심과 편애때문에 인황왕을 폐하고 태종을 왕위에 세워 사람들이 불만을 가지게 하여 오늘의 이러한 사단을 불러일으켰습니다. 이제 다시 태조의 유지를 핑계로 삼아 잘못을 인정하려 하지 않습니다. 그러니 어찌 화해할 수 있겠습니까? 응당 신속하게 전쟁을 해야 할 것입니다!"라고 한 뒤, 손에 들고 있던 홀판[25]을 땅에 던지고 옷소매를 뿌리치며 가버렸다.

아마도 술률평이 다른 사람으로부터 책망을 들은 것은 처음이었을 것이다. 잔인한 그녀가 사면초가에 빠져 다급한 상황이 되자 부끄러워하는 눈물을 흘리면서 "애초에 태조가 형제간의 난을 당했을 때 나라도 또한 매우 큰 손실을 입었다. 그 상처가 오늘에 이르러서도 회복되지 않았다. 내란이 다시 발생할 수도 있겠구나!" 라고 말을 마친 뒤, 그녀는 옥질이 던져버린 홀판을 주웠다.

할머니의 눈에 흐르는 눈물을 보고 야율완 또한 감정의 동요가 일어나 다음과 같은 태도를 보였다. "나의 부친은 황제의 지위를 잃었어도 군사를 일으켜 전쟁을 하지는 않았다. 이제 와서 나는 왜 그도 하지 않은 일을 하려고 하는가!" 말을 마치고 그도 역시 손을 내밀어 홀판을 잡았다. 눈앞에 임박한 내전이 평정되었다.

비록 전쟁을 포기하긴 했지만 술률평은 여전히 이호의 즉위에 대한 환상을 마음속에 가지고 있었다. 자기의 군영을 돌아본 후 그녀는 다시 옥질에게 말했다. "지금 강화가 이뤄졌지만 우리는 황위를 도대체 누구에게 넘겨줄 것인가 다시 한 번 생각해봐야 할 것이다." 옥질이 설득하기를 "제위를 영강왕에게 주는 것이 하늘의 뜻을 따르고 인심을 얻는 것입니다. 태후는 어찌 이리 고집을 피우십니까?"라고 하였다. 이 말을 듣고 술률평 곁에 있던 이호가 일어나서 안색을 바꾸고 엄하게 소리치기를, "내가 있으니 야율완은 칭제할 생각을 하지마라!"고 하였다. 옥질이 이치에 근거하여 변론하기를 "예법에 따르면 황위는 적장자에게 전수되는 것이지 형제에게 전수되는 것이 아닙니다. 그 당시 인황왕을 버리고 태종을 세운 것이 오늘날에 이러한 국면이 있게 된 원인입니다. 하물며 당신이 잔인하여 인심을 얻고 있지 못하니 이제 영강왕을 옹립하는 것은 이미 바꿀 수 없는 사실이 되었습니다." 라고 하였다. 대세가 이미 기울었음을 알

그림 2-7 동으로 만든 거울

아채고 술률평은 어찌할 수 없이 이호에게 말하였다. "너는 왜 이런 소리를 듣느냐? 너를 황제로 만들기 싫은 게 아니라 너 스스로가 너무 못났구나."

이후 술률평은 야율완의 황위를 승인하고 군대를 해산하고 상경으로 돌아갔다. 31세의 야율완은 마침내 적법한 요 나라의 황제가 되었고, 세종이라 하였다. 그러나 술률평은 자신이 편애한 막내둥이를 황제에 올리려는 생각을 버리지 않았다. 그녀는 정변을 일으켜 자신의 소망을 실현하고자 하였으나 단박에 사람들에게 고발당하였다. 야율완은 선수를 쳐서 술률평과 이호를 아보기의 무덤이 있는 조주로 유배하였다. 어떤 연구자들은 술률평과 이호가 진짜로 정변을 일으킬 생각은 아니었지만 야율완이 강력한 할머니를 매우 두려워하여 모반의 낙인을 찍어 체포하였다고 여겼다.

953년 한 때의 풍운아 단완태후 술률평은 비참하고 처량하게 75년 인생 여정을 마감하였다. 그 해 11월, 그녀는 27년 전에 별세한 남편 아보기의 조릉에 합장되었다. 술률평이 옛 거란 노예체제를 대표하며 역사 발전을 저해하였고 최종적으로 무자비하게 도태되었다고 평가하는 학자도 있다.

3

술독에 빠진 황제

契丹 王朝

3

술독에 빠진 황제

'계관호'는 요 시대의 부장품 중에서 빈번하게 나타나는 것으로, 거란의 대표적인 그릇이다. 소국천은 내몽고에서 고고학 연구에 몇 십 년을 종사하였고 거란의 역사에 대해 많은 연구를 했다. 그는 거란족의 대표적인 그릇인 '계관호'가 주로 술을 담는 항아리로 사용되었다고 밝혔다.

947년 영강왕으로 봉해진 야율배의 장남 야율완은 태종을 수행하여 출병하였다가 대신과 장군들의 지지를 얻어서 전장에서 즉위하였다. 그가 거란국 세 번째 황제인 세종이다.

《신오대사(新五代史)》에서는 야율완에 대해 다음과 같이 기록하고 있다. "재능과 학식이 출중하며 그림에도 뛰어났다. 이는 그의 아버지인 야율배와 같았으며 선비를 예로 대하였고 술 마시기를 좋아하는 황제였다.”

 사실 군대에 있었던 대신과 장군들은 술 잘 마시는 야율완을 진심으로 믿고 따른 것은 아니었다. 그를 황위에 올린 까닭은 야율이호가 권력을 장악하고, 부도덕하고 악랄한 황후 술률평이 아보기 별세 후에 ‘돌아가신 황제의 유지에 따른다’는 이유로 대신들을 살해한 장면이 다시 재현될까 두려웠기 때문이다.

장군들이 진심으로 야율완을 따르지 않았기 때문에 술률평과 이호를 조주성에 구금하고 나서는 세종을 지지하던 일부의 사람들은 정변을 계획했다. 야율완의 처지는 위태로워졌다.

《통감》은 세종에 대해 다음과 같이 기록하고 있다. “중화의 풍속을 흠모하고, 간신을 등용하고 주색에 빠졌으며 족장들을 오만불손하게 대하였다. 이 때문에 백성들도 따르지 않았으며 부족들이 여러 차례 모반을 일으켰다. 이런 상황에서 야율완은 볼썽사납게도 반란을 토벌하느라 한가할 틈이 없었다.”

야율완이 즉위하고 2년 뒤에, 태종의 셋째 아들 야율천덕이 태조의 네 번째 동생의 둘째 아들인 야율유가와 세종의 매부인 소한 등과 연합하여 은밀히 모반을 꾀하였다. 다행히도 지혜가 출중한 대신 야율옥질이 그 기미를 알아차렸다. 모반에 가담한 사람들은 행동 개시

그림 3-1 흑유 단공식 계관호(오한기박물관 소장)

그림 3-2 황유 계관호(적봉박물관 소장)

그림 3-3 백유계관호(오한기박물관 소장)

그림 3-4 녹유계관호(오한기박물관 소장)

계관호

요대의 독특한 형태의 도자기이며 '마등호', '피낭호' 라고도 불린다. 이것은 거란족의 가죽 주머니 양식을 모방해 가마에 넣어 구워낸 도기 혹은 자기 병이다. 물이나 술을 담아두었던 그릇이다. 몸체는 평평하고 하복부는 비대하고 상복부의 한쪽 끝에 곧게 선 원통형 관이 위를 향해 곧게 서 있어서 물을 따르게 하였다. 손잡이 부분은 구름무늬 절반의 모양 혹은 팽팽하게 당긴 활모양이며 그 밑 부분은 평평한도 못하고 고발되었다. 세종은 야율천덕 등을 구금하도록 명령을 내렸지만 야율유가는 뛰어난 언변으로 거기서 벗어났다. 세종이 그를 처벌하지 않았을 뿐만 아니라 도리어 놀이와 연회에 초청하였다. 첫 번째 연회에서 유가는 소매 속에 비수를 숨기고 술을 권하는 기회를 이용하여 세종을 살해하려고 했지만 결과적으로 또 발각되었다. 이번 일은 사람의 추악함을 모두 보여준 것이라고 할 수 있다. 세종은 주범 야율천덕을 참수하고 자신의 매부 소한은 가볍게 처벌하는 것으로 사건을 마무리 했다. 세종을 술자리에서 시해하려고 했던 야율유가는 한 번 처벌을 비켜갔다.

다시 1년이 흘러, 도둑놈 심보를 못 버린 소한은 세종의 누이를 끌어들여 공주 아불리와 야율아보기의 다섯째 동생 안단과 함께 모반을 꾀하였으나 이 음모 또한 단박에 폭로되었다. 이번에는 세종도 사정

그림 3-5 토이기산 요대 무덤의 현실입구 사진

을 봐주지 않았다. 사건에 연루된 사람들은 모두 엄중한 처벌을 받았다. 소한은 사형에 처해졌고 안단은 강등당했으며 공주 아불리는 감옥에 갇혀 옥중에서 사망하였다.

2004년 9월 초순에 고고학 발굴조사팀이 내몽고 토이기산(내몽골 동부의 통요시 토이기산)에서 요대 무덤 하나를 발굴하였다. 관을 뜯은 후에 묘의 주인이 젊은 여성이라는 것을 알아냈다. 그녀는 풍부한 부장품을 가지고 있었을 뿐만 아니라 시신 또한 수은 속에 담겨 있었다. 일부 학자들은 이 시신이 감옥에서 죽은 세종의 누이 아불리공주라고 생각하였다. 전문가들은 모반의 대죄를 지은 아불리가 십중팔구 감옥에서 자살하였을 것이라고 추측하였다. 그런데 반역죄를

그림 3-6 토이기산 요대 무덤을 발굴하고 있는 고고학자

지은 사람이 어떻게 그렇게 많은 부장품을 가질 수 있었을까? 학자들은 세종이 자신의 친누이의 신분을 고려해서 아불리가 생전에 지녔던 보물들을 그녀의 관속에 넣어 부장하였을 것이라고 생각하였다. 그런데 아불리의 무덤 속에서 왜 남편 소한의 사체가 함께 발견되지 않았을까? 전문가들은 세종이 마음속으로 여동생 아불리가 소한의 선동으로 모반에 가담한 것을 원망하고 섭섭해 했고 소한의 죄가 크고 악랄하여서 그를 누이와 합장시키지 않았을 것이라고 분석하였다. 다른 학자들은 이 여인의 사체는 아보기의 여동생인 여로자견고공주라고 생각하였다. 이는 부락 제사를 주재하였던 공주로, 여러 형제와 함께 모반을 일으켰다가 죽임을 당했다. 사망한 연령은 겨우 서른 살 남짓이었다.

소한이 안단에게 모반하자고 연락한 사실을 안단의 아들 찰할이 비밀리에 세종에게 보고하였다. 찰할은 왜 자신의 아버지를 팔았을까? 찰할은 본래 부친 안단을 따라 서남에 주둔하고 있었다. 그가 아버지를 팔아먹은 것은 정의를 위해서 부모 형제라도 봐주지 않

는다는 대의명분에서가
아니다. 세종에게 접근
할 기회를 만들어 언젠
가 기회를 틈타 황위를
탈취해서 자신이 황제
에 오르고자 한 것이었
다. 밀고로 인해 신임을
얻은 찰할은 소원을 성

그림 3-7 진국공주묘 출토 금가면

취하기 위해 세종의 신변에 가까이 갈 수 있도록 작업에 착수했다.
찰할에 대하여, 야율아보기는 일찍이 다음과 같이 평가하였다. "이
자는 눈이 낙타 같고 얼굴은 모반을 할 인상이다"라고 하고는 "짐이
혼자 있을 때는 이 사람을 들여보내지 말아라" 라고 시위대에게 특
별히 당부하였다. 아보기의 사람 보는 눈은 매우 예리하였다. 찰할
은 야심가였고 그래서 소한을 사형당하게 만들었으며 황제의 자리
에 오르려는 사악한 생각을 버릴 수 없었다.

사실 찰할의 음험한 시도는 일찍이 눈치 빠른 대신 야율옥질에게 간
파되었다. 야율옥질은 세종에게 찰할이 장차 나쁜 짓을 도모할 것이
라고 경고하였다. 그러나 일부의 전문가들은 세종이 근본적으로 찰
할이 모반을 할 것이라는 것을 믿지 않았고 도리어 야율옥질에게 쓸

그림 3-8 요 중경 고성의 성벽

데없이 민감하게 굴지 말라고 타일렀을 것으로 생각했다. 그는 옥질에게 "찰할이 아버지를 버리고 나를 섬겼으니 다른 생각이 없다는 것을 내가 보증할 수 있다"고 말했다. 이 거란 황제는 "부모에게 불효한 자는 군주에게도 절대로 충성하지 않는다."는 도리를 도저히 이해하지 못했다. 이 소식을 들은 찰할은 매우 억울해 하였다. 그는 세종의 면전에서 눈물을 흘리고 통곡하며 옥질이 자신을 질투하고 있다고 주장했다. 세종은 찰할을 백번 위로하고 그를 태녕왕에 봉하였다. 그리고 그에게 여고석렬군을 통솔하게 하였는데, 이 부대는 원래 술률평의 궁에 속한 군대였다. 세종은 찰할이 궁궐에 출입하는 것과 사냥과 연회에 수행할 수 있도록 윤허하였다. 황위 탈취의 기회를 엿보는 찰할에게 세종을 가까이에서 수행하도록 한 셈이다. 얼마 되지 않아 찰할은 그토록 바라던 기회를 마침내 얻게 되었다.

세종은 일찍이 중원의 번화함을 직접 보고서 돌아온 이후, 오매불망 중원을 다시 통치하기를 염원했다. 949년 야율완은 하북을 약탈하기 위해 군사를 이끌고 쳐들어갔다가 하북지역 한족들의 용맹한 저항에 부딪혔다. 함께한 병력의 절반이 죽고 부상당했는데도 그는 교훈을 얻지 못했나보다. 도리어 고집스럽게 대규모의 '남쪽 정벌'을 결심하였다. 951년 야율완은 다시 거란의 각 부족에게 병력을 집결하여 중원을 석권하라고 명령하였다. 도대체 세종은 왜 이 일 년 동안 군대를 지휘하여 남쪽을 정벌하려고 한 것일까?

951년에 유숭은 산서성 태원에 북한(北漢)이라는 정권을 세웠다. 북한 건립 초기에 유숭은 석경당의 방법을 따라 사신을 파견하여 자신을 세종의 조카라고 불렀다. 그리고 거란의 힘을 빌어서 중원을 회복하

그림 3-9 선화 요묘 M7호 전실 동벽 벽화

려고 하였다. 이에 세종은 중원에 들어가 주인이 되는 방법을 거듭 모
색하였으나 모반을 평정하느라 경황이 없어 실행하지 못했던 것이다.

소한의 모반사건을 처리한 세종은 유숭이 거란과의 친교 맺기를 원
한다는 소식을 듣고 태종이 아들 황제 석경당을 지원한 옛 일을 생
각해내고 매우 우쭐해졌다. 이 때문에 요 나라와 북한 두 나라는 단
박에 뜻을 모아 흔쾌히 '아저씨와 조카의 나라'가 되었고, 세종은 사
신을 태원에 파견해 유숭을 '대한신무황제'로 책봉하였다. 그리고 함
께 군사를 동원하여 중원의 후주를 공격하기로 약속했다.

자료에 의하면 세종은 주량이 엄청나서 손님을 접대할 때 매우 적극
적으로 술을 권하였다. 북한에서 온 사신이 술을 마시다가 목숨이
위태로워지기도 했다. 《통감》에는 951년 5월 북한 예부시랑 정공이
요나라에 사신으로 파견되었다고 기록되어 있다. 그는 체격은 컸지
만 주량은 약했다. 세종은 풍성한 주연을 베풀어 손님을 초대하였다.
술자리에서 세종은 빈번하게 술잔을 권했으며 정공은 술을 들이마시
다 끝내 사망하였다고 기록되어 있다. 세종 자신도 그렇게 되리라고
는 생각하지 않았으나 결국은 음주로 인해 생명을 잃고 만 것이다.
하북성 선화현은 요대에는 귀화주(歸化州)라고 불렸다. 951년 9월, 희
희낙락 술을 마시던 세종이 군대를 이끌고 남하하다가 이곳을 지나
면서 상고산 아래 화신정에서 잠시 휴식을 취했다.

세종은 왜 선화의 화신정에서 걸음을 멈추었을까? 이곳은 거란 부대가 결집 장소로 약정한 곳으로, 세종은 각 부락의 군대가 이곳에서 집결한 후에 중원으로 출발하고자 기다렸던 것이다.

아버지 야율배의 신위에 절을 드린 후, 세종은 갑자기 술 생각이 나서 성대한 주연을 베풀었다. 대신들과 함께 매우 기분 좋게 술을 실컷 마시고 곤드레만드레 대취하게 되었다. 이 갑작스러운 술자리는 정오에서 저녁까지 이어진 것 같다. 만약 그렇지 않다면 주량이 상당한 세종과 부락의 수장들 그리고 왕공 대신들까지 모두 대취할 수는 없었을 것이다. 세종은 스스로 술 마시는 것을 그만둘 수 없어서 결국에는 다른 사람의 부축을 받아 군영의 막사로 돌아왔다. 이 날 저녁에 찰할은 자신의 정체를 확실히 드러내어 세종의 막사로 쳐들어가 만취한 세종을 칼로 찔러 죽이고 스스로 황제에 올랐다. 이는 '술은 일을 그르치기 쉽다'는 중국의 옛말이 적중한 것이다. 만약 세종이 술을 좋아하지 않았다면 겨우 34세에 이런 식으로 퇴장하진 않았을 것이다.

세종은 자신의 짧은 생을 마감하였고 4년의 짧은 통치도 끝났다. 이 변고로 인해 요나라 역사상 '잠꾸러기 왕(睡王)'이라는 호칭의 황제가 등장했다. 야율경은 태종 야율덕광의 장자로 당시 수안왕에 책봉되어 있었다. 정변이 발생했을 때 야율경은 군대 안에 있었다. 찰할의 반란을 평정한 후에, 그는 대중들의 추대를 받아 황제에 즉위하여 거란의 네 번째 황제 목종이 되었다. 그렇다면 947년 태종이 살호림에서 병사했을 때 군대의 대신과 장군들은 왜 야율경을 황제로 추대하지 않았던 것일까? 황제 자리를 부자 사이에 계승한다는 원칙에 따르면, 당시에 야율경을 요 나라의 군주로 옹립하는 것이 명분과 순리를 따르는 것이었다. 그럼에도 그가 황위에 오르는 기회를 잡지 못한 원인은 부친이 병사했을 때 야율경은 현장에 없었고 상경성을 지키고 있었기 때문이다.

사료에는 야율경은 '황제가 돼도 그만 안 돼도 그만'이라는 생각을 가지고 있었다고 기록되어 있다. 야율경의 이러한 태도는, 첫 번째로 찰할이 야율경에게 군대를 일으켜 황위를 탈취하자고 제안했을 때 야율경은 동요하지 않았고 오히려 모반사건에 끌려들어가지 않으려고 홀연히 산속으로 숨어버린 것과 두 번째로 야율옥질이 그를 찾아내어 반란을 평정하자 했을 때도 그가 책임을 회피한 사건에서 잘 드러난다.

야율옥질은 야율경에게 다음과 같이 사상교육을 시켰다. "대왕은 태종의 장자이십니다. 모반의 무리들은 절대로 당신을 살려두지 않을 것입니다. 만약에 당신이 반란의 무리들에게 잡힌다면 그 후에는 후회해도 소용없을 것입니다." 이 말을 듣고서야 수안왕은 비로소 반란을 종식시키는 데 참여하였다.

반란이 종식되고 야율경은 황제로 추대되었다. 이때 1순위로 결정되어 억지로 추진되어 오던 남하정책도 중지되었다. 스무 살의 목종은 당시의 정황을 분석한 후에 군대를 철수시키라고 명령하였다. 목종은 정확한 선택을 하였다. 당시 중원을 장악하고 있던 이는 후주의 곽위였다. 곽위는 오대시대의 한 나라의 황제였고 그의 통치 아래 후주는 날로 강성해지고 있었다. 이때 요 나라와 북한이 연합하여 중원을 수중에 넣으려 한 시도는 강성한 후주와 승부를 예측하기 어려운 전쟁을 치러야 달성할 수 있는 것으로, 매우 어려운 목표였다. 거란은 태조 야율아보기가 901년에 이리근을 맡은 이후 반 세기 동안 전쟁을 치르지 않은 해가 거의 없었다. 비록 거란이 살기등등하게 북부 변경을 통일하고 연운 16주를 얻었지만 그들의 손실도 매우 커서 정비와 휴식이 필요하였다. 태조 야율아보기, 태종 야율덕광과 세종 야율완 모두 대외정복 전쟁 도중에 사망하고 다음 황제가 진중에서 즉위하였다. 이는 거란에 큰 영향을 미쳤다. 사료는 "목종 18년 집정 시에 거란은 대외전쟁

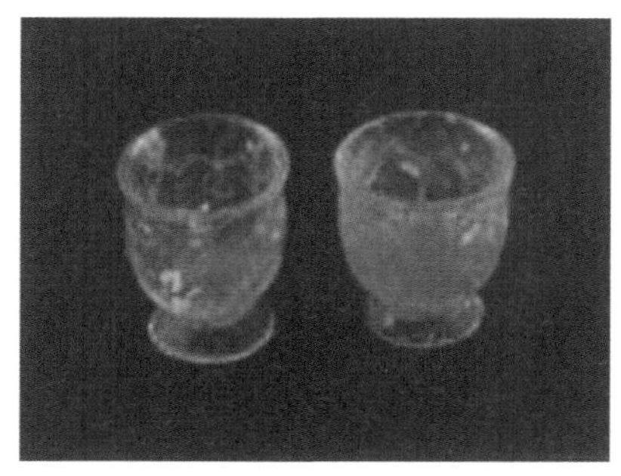

그림 3-10 요나라 시대 수정 술잔

을 일으키지 않았다."고 기록하였다.

이 시기 동안 거란은 이후에 송나라를 상대로 전쟁을 할 때 필요한 재원을 축적했다. 그렇다면, 목종은 주로 무엇을 하고 있었을까? 목종은 거란 역사에서 술 마시기로 유명한 황제였다. 황제에 오르기 전에 이미 알콜 중독자였고 황제에 오른 후에도 이러한 습관을 고치려하지 않았다. 목종은 진실로 황제에는 합당하지 않은 인물이었다. 목종이 술 마시기에 몰두했기 때문에 황제 자리를 노리는 사람들은 좋은 기회가 생기길 기다렸고 모반사건이 연이어 일어났다. 목종이 즉위하고 10여 년 동안, 세종의 형제 누국, 이호의 아들 야율완, 야율희은, 목종 친형제 야율적렬 등 내부의 귀족 모반사건이 십여건 이상 일어났다. 이러한 모반자들을 진압한 후에야 비로소 목종은 황권을 굳건하게 할 수 있었다.

그림 3-11 와교관

내우를 평정하고 나니 이젠 외환이 닥쳤다. 954년, 시영[26]이 후주의 제 일인자의 자리에 올라 오대시기의 가장 뛰어난 황제가 되었다. 그는 중원을 통일하고 연운 16주를 회복하는 것

그림 3-12 익진관

을 자신의 일생 목표로 삼았다. 959년 4월 충분히 준비를 마친 시영은 군대를 북상시켜 최단기간에 거란인이 점령하고 있던 익진관(지금의 하북 패현), 와교관(지금의 하북 웅현), 어구관(지금의 하북 패현의 동쪽) 등지를 수복하였다.

후주가 세 관문을 차지했다는 속보를 받고 목종은 뜻밖에도 이렇게 말하였다. "그곳의 토지는 본래 한인이 우리들에게 주었던 것이고 지금 후주가 회수하려고 하니, 그들이 집으로 잘 돌아가도록 해주어라, 무슨 놀랄만한 일이냐?" 이 때 목종은 술에 취해 정신이 몽롱한 상태였던 것 같다. 그렇지 않으면 이러한 말을 설명할 도리가 없다. 세 관문을 탈취한 시영은 북진을 계속하였다. 선봉은 곧바로 유주로 향하였으며, 군대를 나누어 북한을 공격하여 일거에 평정하고 연운 16주를 회복하였다. 형세가 매우 위급함을 알아챈 거란 대신들은 목숨을 걸고 간청을 했고, 목종도 마지못해 술잔을 내려놓고 친히 정

벌에 나서 남경으로 갔다. 공교롭게도 이때 시영은 중병을 얻어 부득이 군대를 변경(개봉)으로 돌릴 수밖에 없었다. 목종은 이 때를 틈타 세 관문을 탈환하려는 생각은 하지도 않고 건성으로 남경의 방비를 배치하고 부리나케 초원으로 돌아와 술 마시고 사냥하는 생활을 지속하였다.

하나의 파도가 가라앉기도 전에 또 새로운 파도가 일었다. 964년 북방의 신하로 거란국에 속해 있던 실위, 조고 등의 부족이 모반을 일으켰다. 실위와 조고는 거란에게 정복당한 최초의 부족이었다. 이러한 부족이 목종의 통치시기에 반란을 일으켰다는 것은 목종이 조정을 잘 다스리지 못한 데서 영향을 받은 것이다. 그들은 기회를 틈타 거란의 지배에서 벗어나려고 한 것으로 보인다. 거란은 끊임없이 병력을 모으고 장수를 파견하여 무려 4년에 걸쳐 이들 부락의 반란

을 평정하였다. 이 4년 동
안에도 목종은 친히 군대를
이끌고 모반을 평정하기는
커녕 여전히 술만 마셨다.
한번은 목종이 궁 안의 천
막에서 엄청나게 술을 마시
고서 돌연히 그와 함께 술
을 마신 사람들에게 벼슬을
높여주겠다고 선포하였다.
또한 목종은 야율이납갈이

그림 3-15 금 도금한 은제 병

라는 일개 관원의 집에서 며칠 동안이나 계속해서 술을 마시고 술
에 대취해서 이납갈에게 금대야, 금실을 넣어 짠 비단 등을 하사하
고 함께 있던 적지 않은 사람들의 관직도 모두 올려주었다. 술에서
깬 후에, 목종 자신도 이러한 처사가 매우 옳지 못했음을 깨닫고 태
위 화가에게 이 상황에 대해 얘기하였다.

"짐이 술 취해서 한 행동에 잘못이 있었다. 따르지 말고 술이 깬 후
에 다시 아뢰는 것이 옳다."

이 대화의 뜻은 이렇게 풀이할 수 있다. 내가 술에 취했을 때 하는
결정은 평상시의 예법에 위배될 수 있으니 이럴 때엔 당신들은 내

말을 듣지 말고 내가 술에서 깨어날 때까지 기다린 후에, 사정을 다시 나에게 아뢰면 내가 다시 결정하겠다는 것이다. 이 말은 술을 좋아한 목종이 술을 먹지 않았을 때에는 멍청하지 않았다는 것이다. 목종은 보기 드문 황제였다. 그는 술은 좋아했지만 도리어 여색은 좋아하지 않았다. 사료를 보면, 그가 총애한 그 어떤 여인의 기록도 없다. 이 때문에 그에게는 대를 이을 아들도 없었다. 어떤 이들은 이러한 것이 목종의 생리적인 결함과 밀접한 관계가 있다고 하였다. 목종의 성격은 괴이하였다. 이는 그의 선천적인 성 불능 때문이었다. 이로 인해 그의 성격은 괴팍하고 냉혹하며 심리 상태는 변태적이었다. 그는 자신의 온 정력을 술 마시는데 쏟았기 때문에 술 마실 때에는 병의 고통을 잊을 수 있었다.

《요사》에 의하면, 초고라는 무녀가 목종에게 장수하는 약방을 바쳤는데, 그 약은 성인 남자의 담즙으로 만든 것이었다. 이 무녀는 목종의 성 불능을 치료하려고 하였다. 《요사》에 목종의 은밀한 사생활을 쓰는 것은 불가능하였기 때문에 단지 장수하는 약방을 바쳤다고 한 것이다. 그러나 많은 사람을 죽여 수년 동안 성인 남자의 담즙을 마셨지만 목종의 증세는 별로 호전되지 않았다. 이에 목종은 화가 나서 무녀를 죽여버렸다. 무녀를 사형에 처한 목종은 자신의 병이 나을 수 없다는 것에 처절하게 실망했다. 그래서 그는 더욱 더 전심전력을 다해 술을 마셨던 것이다. 이때부터 그는 "밤마다 거나하게 마셔댔으며 새벽이 되어서야 잠이 들었고 정오에 겨우 일어나니, 백성들이 그를 '잠보왕'이라 불렀다." 966년 9월 그는 놀랍게도 밤부터 낮까지 연속해서 13일 동안 술을 마셨다.

처음에는 마음이 언짢아서 술을 마셨던 목종은 이후에 하나의 나쁜 버릇을 더했으니 – 그것은 살인이다. 목종의 살인에는 규율이 있었다. 술 마신 후에 사람을 죽였는데, 이 일로 인해 마음이 편치 않으면 다시 술을 마시고 난 후 관계된 사람을 석방하였다. 이렇게 그의 술주정이 과도했던 것은 그의 정신이 혼미했던 것과 관련이 있었다. 《요사》에 목종이 첫 번째로 어떤 사람을 죽인 기록이 있는데, 응력 10년, 960년의 일이다. 이 해 8월, 그는 흑산에서 사냥하면서 대취한 후, 주변의 돌사자를 집어서 고가라는 시종을 때려죽였다. 추측하여 보건대 목종의 살인은 이 해부터 시작되었다. 이 해에 그는 그의 치료를 담당한 무녀를 처형했는데, 무녀를 죽이고 나서는 자신의 병이 치료될 한 점 희망마저도 사라졌다는 것을 알았기 때문이다. 이에 그는 취중의 감정에 의지하여 분노의 심리를 표출하였고 살인 충동이 생겨났다. 과도한 음주는 날이 갈수록 더 심해졌고 목종의 살인 횟수도 점점 증가했다. 967년 실위, 조고의 4년을 끈 반란이 평정되고 마음이 즐거워져서 술을 마시는 일이 더욱 많아졌고 살인의 횟수 또한 급속히 늘어났다. 이 해에 그가 살인한 횟수는 8차례에 달하며 피해자는 60명에 달했다.

목종이 안하무인격으로 자신의 신변에서 복무하던 사람들을 살육한 사건은 《요사》 목종 본기에 보일 뿐 아니라 그 외

그림 3-16 서있는 여성 모양의 토용

에 수십 개의 기록에서도 보인다. 목종이 친히 살해한 것은 '짐승이나 사슴 혹은 매를 기르는 사람', '술을 관리하는 사람'과 측근 시종들이었으며, 자신이 직접 시체의 손발을 절단하고 해체하는 것을 즐겼으니 수단의 잔혹함이 극에 달했다.

《요사》에는 목종의 살인 방법이 매우 잔인하였다고 기록되어 있다. 걸핏하면 수족을 뭉텅뭉텅 자르고 허리와 다리를 꺾어 부러뜨리거나, 치아를 부러뜨렸으며, 사람의 몸을 여덟 조각으로 해체했다. 그렇다면 살해당한 사람은 모두 어떤 사람이었을까?

살해당한 사람들은 거의 모두 목종의 곁에서 시중을 드는 시종이었다. 거란에서 신변 시종의 대다수는 황족, 외척 및 역대 관료 출신이었다. 집안에 모반 혹은 기타 용서받지 못할 중죄를 범한 사람

들이 있으면 온 집안이 연루되어 호적을 없애고 궁에 들어가 일을 하였다. 거란에서 이러한 사람들을 "저장호"라고 하였다. 거란 조정에서는 범죄를 저지른 사람의 가솔들을 궁중에서 하인과 경비로 사용하였는데, 이는 그 원류가 중국의 상주(商周)시기에서 기원한다는 사료가 있다.

목종이 술을 마시면서 아직 살인을 저지르기 전에는 온순하고 공경 잘하는 하인들이 한쪽에 양손을 교차하고 서 있었다. 이 표시는 무얼 의미하는 것일까? 이것은 바로 요대의 차수례[27]이다. 고증에 의하면 차수례는 중국에서 유구한 역사를 가지고 있다. 오대(五代) 고굉중이 그린 《한희재야연도》에 차수례가 보인다. 학자들은 거란인이 한족에게 차수례를 배운 것이라고 생각한다.

목종이 하인들을 살해한 이유는 실제로 너무나 하찮아서 언급할 가

그림 3-17 오굉중, 한희재야연도(부분, 오대시대)

치도 없다. 어떤 때에는 매를 기르는 사람이 신중하지 못하게 매를 다치게 했다는 이유로, 사슴을 기르는 사람이 사슴을 다치게 했다는 이유로, 그가 사냥할 때 몰이꾼이 제때에 사냥물을 내몰지 못했다는 이유로, 시종이 술을 따르다가 술을 엎질렀다는 이유였다.

"내가 생각하기에 목종의 살인에 별다른 이유가 있었던 것은 아닙니다. 거란 초기 이후부터 거란 귀족 야심가, 음모가의 모반 활동이 줄곧 끊이지 않았습니다. 그의 재위 기간에도 모반 활동이 여러 차례 요의 강산과 사직을 훼손했습니다. 이에 그는 모든 원한을 반역자의 가솔들에게 쏟아낸 것입니다."

수치로 볼 때, 목종이 집정한 18년 동안 죽인 사람은 100여 명에 이른다. 목종은 사람의 목숨을 초개처럼 여겼다. 그렇다면 왜 간언하는 사람이 없었을까?

"객관적으로 보면, 목종의 조정에는 훌륭한 신하가 많이 있었습니다. 야율 옥질과 같은 저명한 대신도 있었습니다. 그가 목종에게 간언하는 말을 하지 않은 까닭은 살해당한 사람들이 모두 하인이었기 때문입니다. 요 나라에서는 황제뿐만 아니라 귀족들도 자기의 노예를 죽였고 다른 사람들이 간섭할 권리가 없었습니다."

이에 더해, 목종은 술을 마신 후에 의식이 몽롱한 상태에서 살인을 한 적이 허다하였다. 정신이 혼미한 사람에게 간언하기란 매우 어려운 것이다. 술 마시지 않았을 때에도 황제에게 절대 살인하지 말라고 간언하는 것은 엄청난 위험이 따르는 것이어서 자기의 생명을 보존하지 못 할 수도 있었다.

그러나 잔혹한 목종은 자신의 행동에 합당한 결말에 도달했다. 969년 2월, 목종은 파림우기 경내에서 아버지 태종의 제사를 지낸 후, 숲에 틀어박혀 사냥을 하였다. 이 날 목종은 흑곰 한 마리를 사냥하였다. 흥분한 그는 주연을 벌여 마음껏 먹고 마시고 놀았다. 만취할 때까지 마시고는 휴식을 취하러 행궁으로 돌아갔다. 그러나 행궁에 도착했을 때 목종은 새삼 곰 발바닥을 먹겠다고 고집을 피웠다. 그러나 조리사는 그에게 곰 발바닥을 잘 만들려면 느긋이 기다려야 한다고 하였다. 이 말을 들은 목종은 갑자기 크게 화를 내며 조리사들을 죽여버리겠다고 큰소리를 쳤다. 말을 마치자마자 그는 곧 잠들어버렸다. 그러나 평상시에 공포 속에서 생활하던 하인들은 목종의 말에 깜짝 놀랐다. 다음날 목종이 자신들을 사지로 몰아넣을 것이라고 생각하니 모골이 송연해졌다. 그래서 손 씻는 물을 떠다주는 화가와 조리사 신고 등 여섯 명의 하인들이 마음을 하나로 모아 39세의 '잠보왕'을 황천길로 보내버렸다.

거란의 정치계에서 세종 야율완과 목종 야율경 이 두 사람 술로 망한

군주이다. 그들은 마치 유성이 반짝이듯 눈 깜짝할 사이에 사라져버
렸다. 그들 뒤에 다른 여성이 번쩍이는 모습으로 등장한다.

4

전연의 맹약

契丹 王朝

4

전연의 맹약

1971년 봄, 마차 한 대가 내몽고 파림좌기에 있는 요 상경유적을 지나가고 있을 때, 흙 속에 파묻혀 있던 장방형 물건이 마부의 눈길을 끌었다. 마부는 이내 마차에서 내려와 조심스럽게 그 물건을 파헤쳤다.

"마부는 이 물건을 마차에 실으려고 하다가 깜짝 놀랐습니다. 이 물건은 들어 옮기기도 힘들만큼 무거웠기 때문입니다.(왕미상 적봉시 파림좌기 박물관 관장)"

이 물건의 정체를 궁금하게 여긴 마부는 손으로 조심스럽게 겉면의 흙먼지를 털어냈고, 그 아래에 드러난 희미한 문자들을 발견하였다. 직감적으로 이 물건이 고대 유물일 가능성이 많으므로 반드시 문화재 관리국으로 가져가야 한다는 생각이 들었다.

"마부가 처음 이 물건을 문화재 관리국에 가져왔을 때, 이것에 대해 아는 사람이 없었습니다. 이 물건에 대해 궁금해진 사람들은 겉면에 있는 문자를 식별하는 것으로 연구를 시작했습니다.(왕미상)"

연구가 진행되면서 왕미상과 그의 동료들을 경악하게 한 것은 이 물건의 겉면에 새겨져 있는 "천녕절 은 매정 오십냥[天寧節銀每鋌五十兩]"이란 명문이었다.

"'천녕절 은 매정 오십냥'이란 명문을 보고 이 물건이 바로 은정이며, 그 무게는 50냥이라는 사실을 확인했습니다. 진심으로 기뻤습니다."

왕미상은 천녕절이 송 휘종 조길의 탄신일을 기념하기 위하여 생긴 명절이라는 것을 알아냈다. 매년 명절마다 문무 공신과 여러 지방관들이 예물을 바쳤다. 또한 은정에는 "경서북로제거학사사(京西北路制擧學事司)"라는 글자도 있었다. 역사 자료에 근거하면 '로(路)'란 송대의 행정구역이며 현재의 성(省)에 해당된다. '경서북로'는 그 당시의 하남, 영창, 회녕, 순창

그림 4-1 은정

등 4개의 부를 관할하고 있었다. '제거학사사'는 송 나라 때 한 지역
의 교육과 감찰을 관장한 관청이다.

"여기서 분명한 것은 이 은정이 송 휘종의 생일을 맞이하여 경서북로의 학
정[28]에서 진봉한 '축하용 은'이라는 것입니다.(왕미상)"

파림좌기 문화재 관리국에서는 이 은정에 '1호 은정'이라는 명칭을
붙였다. 송 나라 때의 은정이 어떻게 멀리 떨어진 국경 밖의 초원에
서 나타나게 되었을까? 왕미상은 이것이 "전연의 맹약"과 밀접한 관
계가 있다고 생각하였다.

1004년 9월, 고비 초원에서는 군마들의 울음소리가 하늘을 찔렀고,
20만의 거란 대군이 중원의 송 왕
조를 향하여 곧바로 진격하고 있
었다. 당시 거란족은 이미 나라를
세운지 88년이 되었고, 거란국은
태조 야율아보기, 태종 야율덕광,
세종 야율완, 목종 야율경, 경종
야율현을 거쳐 성종 야율융서가
황제로 있던 시절이었다.

이 대군은 거란국의 여섯 번째 황

그림 4-2 숭녕 4년 은정

제인 성종이 거느리고 있었지만 실제 지휘권을 쥔 사람은 그의 어머니인 소태후였다. 소태후의 본명은 소작이고 어릴 적 이름은 연연이었다. 제5대 황제 경종의 황후로서 거란 역사에서 상당히 뛰어난 정치가이자 전략가였다.

경종은 어렸을 때부터 신경쇠약을 앓고 있어 몸이 매우 허약했다. 심지어 오랫동안 말 위에 앉아있는 것조차 힘들어 해서 군사에 관한 업무는 처리하지 않았다. 그리하여 황후에게 정무를 처리하게 했다. 928년 9월, 경종은 병으로 세상을 떠났고 열두 살인 성종이 그 뒤를 이었다.

이때, 황후의 나이는 고작 30세였다. 각자의 군대를 갖고 있던 여러

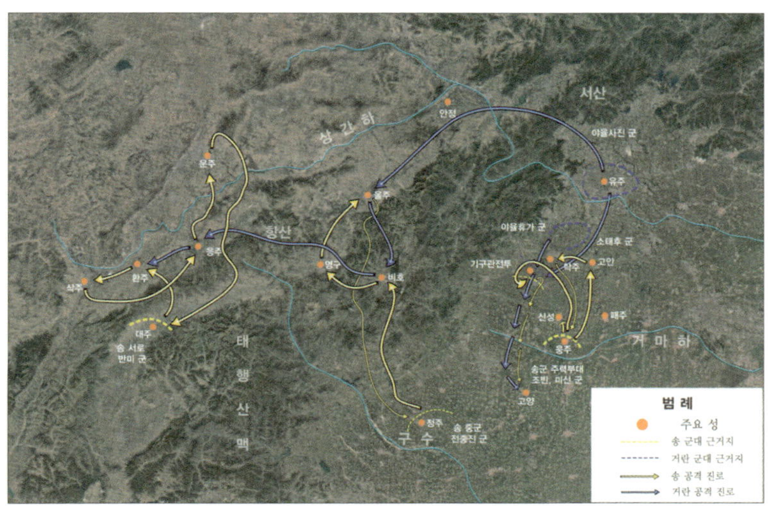

그림 4-3 기구관전투

제후들과 종실들은 황후와 성종의 지위에 큰 위협이 되었다. 황후는 눈물을 흘리면서 이렇게 말했다.

"어미는 과부고 자식은 아직 어린데 종실은 강력하고 변방은 불안하니 어찌해야 하는가?"

소작은 절대로 평범한 인물이 아니었다. 비록 여자이지만 뛰어난 재능과 원대한 지략을 가진 정치가였다. 그는 한덕양과 야율사진 등의 지지를 얻어서 모든 상황을 자기에게 유리하도록 바꾸었고, 결국 주도권을 장악하였다. 거란국 내부를 안정시킨 뒤, 소작은 이내 눈길을 남쪽으로 돌려 송의 위협을 해결하기 시작했다.

소작은 북송과의 장기적인 대립이 거란국의 군사권을 장악하고 있는 귀족들의 지위를 강화시키고, 자신과 아들 성종의 지위를 위협하게 될 것을 알고 있었다. 권력의 주도권을 잡기 위한 가장 유효한 방법은 전쟁으로 평화를 촉진하는 것이었다. 그리하여, 1004년 9월, 소작은 군대를 총동원하여 송나라 토벌에 나섰다.

이때, 송나라는 제3대 황제 진종이 다스리고 있었다. 960년, 태조 조광윤은 송 왕조를 건립하였고 개봉을 수도로 정하였다. 나라를 통일하는데 태조는 먼저 남방의 할거 세력을 접수한 뒤, 연운 16주를 마저 수복하는 전략을 세웠다. 이러한 통일 전략을 '먼저 남쪽을 평정한 후에 북쪽을 평정하는 것'이라고 부른다. 하지만 태조의 가장 큰 소원은 거란국을 격파하고 석경당이 거란국에 떼어준 연운 16주를 수복하는 것이었다. 그러나 원대한 포부를 실현하지 못하고 그는 평생의 여한을 남긴 채 갑자기 세상을 떠났다(976).

태종 조광의가 송 나라의 새 주인이 되었다. 그는 중국 남방을 통일하는 대업을 이룬 뒤, 다시 군사를 거느리고 태원을 지배하고 있던 북한(北漢)을 멸망시켰다. 이로써 반세기가 넘도록 싸워 온 오대(五代)

송 진종 조항

태종의 셋째 아들. 왕흠약과 정위를 재상으로 두었는데, 이 두 사람은 항상 도교의 경전과 부적, 예언으로 사람들의 마음을 현혹시켰고, 황제도 하늘에 제사를 올리는 것에 빠져 조정을 돌보지 않았다고 한다. 경덕 원년(1004년), 거란국이 침입하여 왔고, 재상인 구준은 다수의 의견을 모두 배제하고 황제에게 친히 출정하라고 설득했다. 결국 쌍방은 수도 변경의 300리 밖 전연에서 크게 싸웠고 송나라는 거란국을 이겼다. 그러나 거란국의 기세를 두려워 한 진종은 구준의 반대에도 불구하고 매년 거란국에 대량의 금은보화를 "세폐"로 바치기로 하고 전연에서 맹약을 맺어 화해하였다. 역사에서 이 사실을 '전연의 맹약'이라고 부른다. 재위 25년에 사망했다. 수성을 한 임금으로서 북송을 경제번영 시기로 들어서게 했다.

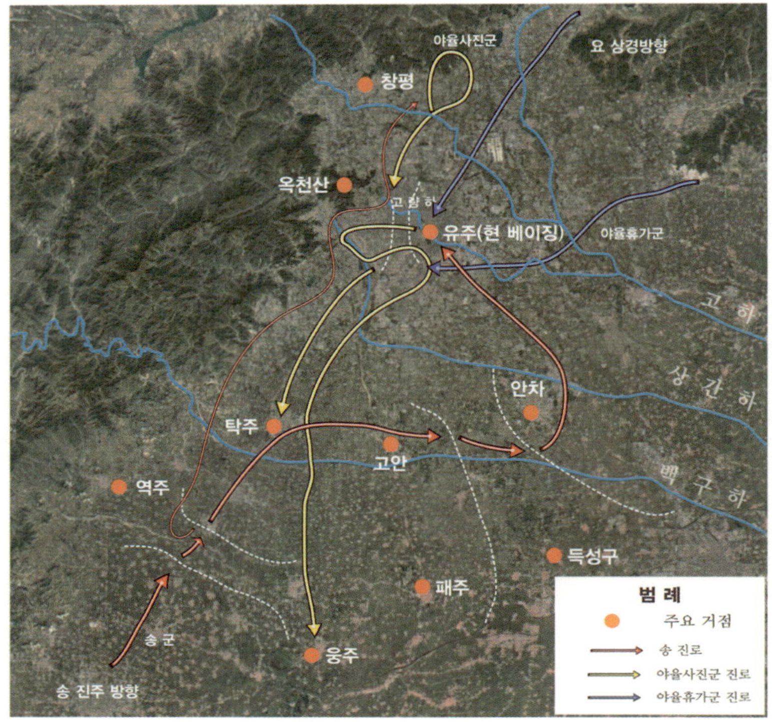

그림 4-4 고량하전투

는 종말을 고하였다. 승리에 들뜬 태종은 단숨에 유주까지 수복하
기로 결정했다.

북경 서직문 밖에 흐르는 강을 예전에는 고량하라고 불렀다. 979년
7월, 송 나라와 거란국의 군사들은 고량하 일대에서 치열한 전투를
벌였다. 거란국의 지원군은 좌익과 우익에서 동시에 송 나라 군대
를 협공하였고, 유주성을 지키고 있던 거란국 군사들도 성 밖으로
나와 참전하였다. 송 나라 군대는 세 방향에서 거란의 공격을 받고

결국 참패하였다. 전사
한 장군과 병사들의 피
가 고량하를 시뻘겋게
물들였다.

전투 중 화살에 맞은 태
종은 어쩔 수 없이 당나

그림 4-5 요 남경 고량하

귀가 끄는 달구지에 앉아 도망쳐 가까스로 목숨을 건졌다.

거란국에서 출토된 백유흑화관[흰 바탕에 검정색 유약으로 그림을
그린 단지]에는 그림이 그려져 있다. 단지의 한쪽 면에는 관모를 쓰
고 가죽신을 신고 배가 나온 위엄 있는 송 나라 관리의 모습이 있고,
다른 한 면에는 궁지에 빠져 우왕좌왕하는 딱한 관리의 모습이 있다.
전문가의 고증에 의하면, 이 그림은 지금까지 중국에서 발견된 가장

그림 4-6 백유흑화쌍계관(요, 신혜진내림고유지 출토, 오한기박물관 소장)

이른 시기의 만화(漫畵)라고 한다. 그림 속에서 풍자한 모습은 송 태종이 고량하에서 패하여 허둥지둥 도망치는 광경이라고 한다. 하지만 이 그림을 달리 해석하는 사람도 있다.

또 다른 전문가는 백유흑화관의 만화가 태종을 풍자한 것이 아니라 탐관오리를 풍자한 것이라고 한다. 손에 권력을 쥐고 있을 때는 득의양양한 모습이었다가 일단 직책을 잃게 되면 이내 풀죽은 모습이 된다는 것이다.

비록 고량하에서 실패했지만, 늘 연운 16주의 수복을 잊지 않고 있었던 태종은 북벌의 꿈을 결코 포기하지 않았다. 경종이 병으로 사망한 후, 태종은 다음과 같은 보고를 받았다.

"현재의 거란은 어미는 과부이고 아들은 어린 상태입니다. 거란의 국사는 모두 소작이 맡아서 처리하고 있습니다. 그리고 소작과 한덕양의 관계가 풍속을 문란케 함으로 분명 거란 백성들의 원망을 자아낼 것입니다. 어떤 백성이 부인의 덕에 어긋난 짓을 하는 여자의 말을 듣겠습니까? 거란은 민심도 떠나고 덕도 사라졌으니, 지금이 바로 거란을 칠 가장 좋은 시기입니다."

옹희 3년(986년) 3월 태종은 대군을 세 방향으로 나누어 북벌을 단행하였다. 하지만 이 전쟁 역시 완전한 실패로 끝났다. 거란인들의 간담을 서늘하게 했던 송 나라의 무적장군 양업도 매복에 걸려 생포되고 결국 단식하여 스스로 목숨을 끊었다.

두 번째 북벌이 실패한 후, 송 태종은 절대로 거란국을 이길 수 없다고 생각하게 되었고, 이때부터 북벌을 포기하고 전면적인 방어에만 진력했다. 이와 동시에 내부 통치의 강화에 집중함으로써 '수내허외'[29] 정책을 썼다. 태종이 죽은 뒤, 그 뒤를 계승한 진종 역시 "수내허외"의 이념을 계승하였다. 그래서 20만 거란국 군대가 쳐들어왔을 때 그에게는 아무런 계책이 없었다(1004).

성을 공격하는 데 익숙하지 않은 거란 군대의 사정을 고려하여 소작은 적의 배후로 돌아 들어가는 우회전술을 선택했고, 군대는 곧바로 전주성으로 향했다. 전주성은 전연이라고도 불린다. 현재 중국 하남성의 복양시로, 북송의 수도인 개봉과 고작 100km 남짓 떨어져 있다. 거란군의 주력 부대는 전주성 아래까지 다가왔고 송의 조정은 크게 동요하였다. 겁에 질린 일부 신하는 진종에게 금릉이나 성도 쪽으로 가서 일단 몸을 피하라고 건의하였다.

중요한 순간에 구준이 나섰다. 재상 구준은 주전파였다. 그는 당당하게 진종에게 말하였다.

"대체 누가 생각해냈는지 먼저 그 놈부터 죽여야겠습니다! 현재 적군이 침입했으니, 지금이야말로 폐하께서 친히 전선에 나가셔서 군사들의 사기를 높여줘야 하는데 어찌 강남이나 사천으로 먼저 도망을 친단 말입니까!"

구준의 설득으로 진종은 11월 20일 친히 전선에 나갔다. 송 나라 때 전연성은 황하를 경계로 남북으로 나뉘어 있었으며, 그 사이는 다리로 연결되어 있었다. 이때 거란 군사들은 북성에 모여 송 나라 군사와 대치하고 있었다. 진종은 북성에서 피어오르는 연기와 먼지를 보고는 북성으로 향하지 않고 그냥 남성에 남아 있으려 하였다. 구준은 진종을 다시 설득했다.

"폐하께서는 한 걸음이라도 앞으로 나아가셔야지 절대로 뒤로 물러서면 안 됩니다. 강을 건너 북성으로 가지 않는다면, 인심은 더욱 위태로워지고 적군은 두려워하지 않을 것입니다. 이건 큰 공을 세울 수 있는 계책은 아닙니다."

구준의 설득으로 진종은 용기를 내어 전연의 북쪽성으로 떠났다.

진종이 친히 출정하였을 때, 소작은 소달름의 전사 소식에 몹시 슬퍼하고 있었다. 거란족의 유명한 장군인 소달름은 재능과 책략이 뛰어났고 천문에도 능통하였다. 그는 두 번째 송나라 북벌(986)때 송군을 격퇴하였으며, 심지어는 송 나라의 명장 양업까지 생포하여 거란 군사들의 정신적 지주가 되었다.

소달름은 전주성 아래에서 화살에 맞아 전사하였다. 그가 위무당당하게 지형을 살피고 있을 무렵, 송 나라 군사들은 당시 가장 무서운

그림 4-7 현재의 하남성 복양시

무기인 상자노를 준비하고 그를 맞이하였다. 상자노는 기계의 힘을 이용하여 화살을 발사하는 것으로, 사정거리가 무려 1,500m나 되었다. 상자노는 살상력이 가장 강력한 무기였다. 상자노의 사정거리까지 들어온 소달름은 발사된 화살에 이마를 맞고 바로 숨을 거두었다.『요사』에 의하면 소달름이 전사한 뒤 소작은 "조회를 5일 동안 정지할 정도로" 비통해 하였다. 그의 죽음은 거란 군사들의 사기를 급격하게 떨어뜨려 승패의 갈림길이 되었다.

소태후가 대성통곡하고 있을 무렵, 진종은 전주의 북성 성루에 올라 군사들을 위로하였다. 진종이 황하 북쪽 연안의 누각에 올라가 노

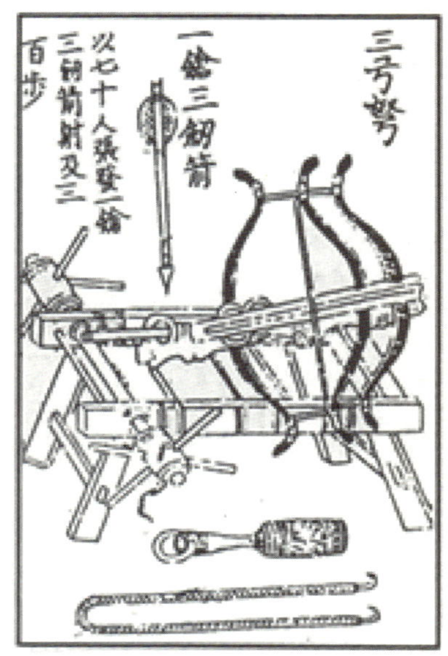
그림 4-8 《무경총요》에 실린 당시 상자노 그림

그림 4-9 상자노를 복원한 모습

란색 양산과 황룡기를 펼쳤을 때, 송 나라 군사들은 황제가 친히 전선에 왔음을 알았다. 사기가 올라간 군사들은 열렬히 만세를 외쳤고, 그 환호성은 수 십리 밖에까지 울렸다. 송 나라 군사들의 사기는 크게 고무되었다. 진종은 거란 간첩 한 명을 끌어다 성루에서 참수했다. 성 아래의 거란 군사들은 이 장면을 목격하고는 사기가 더욱 떨어졌다.

소작은 이대로 계속 진공하더라도 아무런 진전이 없을 것이고, 군사를 이끌고 중원에 들어선다 해도 보급에 큰 문제가 생길 것이며, 퇴로가 차단당할 위험성도 있다고 생각하였다. 그리하여 그는 송 나라에 필요한 만큼의 경제적 이익을 요구하는 조건으로 화의를 맺기로 결정하였다.

비록 진종은 직접 전주에 오기는 했지만, 시종일관 거란을 두려워하는 마음을 극복할 수 없었다. 그리하여 그도 이러한 기회를 잡아 회담을 통해 전쟁을 끝내기를 원했다. 두 나라의 최고 권력자들이 강화회담을 할 마음이 생겼지만 누가 먼저 화의의 손을 내밀었을까?

소작은 "전쟁으로 평화를 추구한다"는 생각으로 남하했다. 만일을 대비해 거란국 군대가 출발할 때 그는 송 나라에서 투항한 왕계충이란 장군을 통하여 송 나라와의 회담 통로를 확보했다. 전연성 아래에 있을 때에도 그는 먼저 왕계충에게 강화회담의 편지를 보내게 하였다. 이때 재상 구준은 어떤 생각을 하고 있었을까? 구준은 거란국을 타도하여 신하로 만들고 연운 16주의 땅을 돌려받을 때까지 전쟁을 계속하려고 하였다. 이것이 장기적으로 나라를 안정시킬 수 있는 백년

대계라고 생각했다. 하지만 진종은 강화회담을 결정하였고, 구준은 전반적인 국면을 고려하여 어쩔 수 없이 양보하였다.

1005년 1월부터 두 나라는 여러 번 교섭하였고, 최종적으로 '전연의 맹약'을 맺었다. 그 내용은 아래와 같다.

1. 송 나라는 매년 세폐로 거란국에 은 10만 냥과 비단 20만 필을 보낸다.

2. 송 나라와 거란국은 형제의 나라이며, 요 성종은 송 진종을 형이라고 부른다.

3. 두 나라는 백구하를 국경선으로 하고 서로 침범하지 않는다.

그림 4-10 거란출경비

화의가 결정되자 진종은 곧바로 어가를 돌려 개봉으로 돌아갔다. 군대를 철수하기 전에 진종은 북받치는 감정을 이기지 못하고 《궁궐로 돌아가며(回鑾詩)》라는 시 한 수를 남겼다.

단단한 얼음이 거대한 파도 없애고	堅氷消巨浪
가벼운 입김으로 경사스러운 징조 모았네.	輕吹集嘉祥
계속되는 친선의 정은 변경을 편안케 하고	繼好安邊境
화친으로써 편안한 시대를 누리는구나.	和同樂小康
하늘이 순조롭게 도움을 내리시니	上天垂助順
돌아가는 깃발은 힘차게 펄럭이네.	回斾跃龍驤

진종은 명령을 내려 하북성 변두리에 있는 '융(戎)'자나, '로(虜)자'[30]가 들어간 지명을 화해의 뜻을 담은 명칭으로 고쳤다. 이리하여 정융(靜戎)은 안숙(安肅)으로, 평융(平戎)은 보정(保定)으로, 평로(平虜)는 숙녕(肅寧)으로 바뀌었다. 이 때 고친 지명은 지금도 사용되고 있다.

전연의 맹약이 체결된 이후, 소작은 기뻐하며 군대를 거느리고 초원으로 돌아갔다. 맹약의 체결은 거란에게 커다란 승리였다. 이후 백년이 조금 넘는 동안 송과 요의 사이에서 큰 전쟁은 벌어지지 않았다. 일부 역사학자들은 전연의 맹약이 송에게 굴욕적인 조약이었고, 세

그림 4-11 청명상하도(부분, 북송풍속화)

폐는 북송 백성에게 경제적인 부담이 되었다고 하였다. 그런데 송에 게 은 10만 냥과 비단 20만 필은 큰 부담이었을까?

사료가 보여주듯이 송의 비단 생산량은 굉장히 많아서 매년 거란에 게 준 비단 20만 필은 단지 동남쪽 월주(越州)의 1년 생산량일 뿐이었다. 이것은 송 조정의 재정에 압박을 주지 않았다. 송의 은 생산량은 적었기 때문에 10만 냥의 은은 송에게 어느 정도 부담이 되었다고 생각하는 연구자들이 있다. 하지만 왕미상의 견해는 이와 다르다.

"사료를 봤을 때, 1021년 진종 정부의 1년 수입은 은 약 88만 냥이었는데, 지출한 은은 약 58만 냥이었습니다. 뒤이어 신종이 즉위했을 때 1년 수입은 은 약 290만 냥에 이르렀습니다. 따라서 거란에게 주었던 은 10만 냥 또한 송에게 별로 대단한 문제가 아니었습니다."

이러한 왕미상의 견해는 사료를 통해서도 증명할 수 있다. 기록에 따르면, 송과 거란이 담판하였을 때, 진종의 마지노선은 매년 거란에게 은 100만 냥을 주는 것이었다. 시종이 이를 300만 냥이라고 잘못 전했을 때에, 진종은 비록 크게 놀랐지만, 뜻밖에 "마무리 짓는 일이니 받아들이자"라고 말하였을 뿐이다.

송은 돈을 주고 국경지대의 평화를 정착시켰다. 따라서 송 · 거란 모두 만족하는 상황이 되었다. 이 맹약의 역사적 배경은 두 대국의 실질적인 세력 균형의 결과였고, 양국의 국운과 민생의 측면에서 모두 환영하는 조약이었다. 매년 30만의 비단과 은은 큰 전쟁을 한 차례 치룰 수 있는 군비 중 백분의 일에 해당되는 것이었다.

"우리들이 살펴보니 979년에 송 태종이 북한을 토벌하고 요와 첫 번째 대전을 시작했을 때부터 1004년까지 25년 동안 송과 거란은 여러 차례 싸웠습니다. 역사서에는 십 만 명의 목이 잘렸고, 전사한 군인들은 적어도 수 십 만에 이르며, 전란으로 인하여 사망한 백성은 헤아릴 수 없을 정도라는 것이 명확하게 기록되어 있습니다."

다른 자료를 살펴보면, 송은 거란과 무역을 통해 매년 40여만 냥 이상의 수입이 있었으며, 매년 거란국에 납부하는 세폐는 교역을 통해 회수할 수 있었다. 송의 대신들은 "세폐로 평화를 얻고도, 오랑캐는

다시 세폐를 우리에게 돌려주니 우리나라는 털끝만큼도 손해가 없
다."라고 이야기하며 대단히 만족해하였다.

거란과 송 사이에서 벌어진 수십 년간의 전쟁을 끝낸 '전연의 맹약'은
장기적으로 볼 때 중국 다민족 국가의 발전과 통일에 도움이 되었다고
생각하는 학자도 있다. 이는 중원과 북부 변경의 경제문화적 교류를
위한 조건을 창조했다. 이러한 의미에서 전연의 맹약은 긍정적이다.
그럼에도 불구하고 전연의 맹약은 송에 부정적인 영향을 주었다. 송
은 지나치게 화친에 의존하여 방위 태세를 소홀히 하였다. 그로 인

해 장기적으로 수모를 당하는 지경에 떨어졌다.

훗날 소식은 전연의 맹약에 대해서 '최하의 정책'이라는 평가를 내렸다. 범중엄은 맹약을 조인한 뒤에 "사람마다 편안하기만을 바라 다시는 전쟁을 의논하는 일이 없었다."라고 말할 정도였다.

"전연의 맹약의 실패점은 그것이 평등했는가 불평등했는가, 굴욕인가 아닌가에 있는 것이 아니라 맹약 이후에 송 나라 사람들이 혈기를 잃어버리고 일시적인 안일을 추구하게 되었다는 데 있습니다. 이러한 점은 오늘날의 사람들도 참고할만한 점입니다.(왕미상)"

전연의 맹약이 체결되고 나서 평화로운 환경이 조성되자 소작은 국가정책의 중심을 과거의 전쟁으로부터 국내 정치 개혁과 경제 건설로 옮겼고, 이로부터 거란의 대규모 개혁을 시작하였다. 노예를 석방하고 농사를 장려하였고, 관리들에겐 청렴할 것을 엄하게 요구하였으며, 억울하게 옥에 가둔 사람을 다시 심리하였다.《당률(唐律)》[31]을 시행하니 감옥은 점차 비게 되었고, 농촌의 소와 목장의 말의 숫자가 늘어났고 귀족의 주머니는 두둑해졌다.

소작이 다스리면서 거란의 경제 · 문화 · 국력은 전에 없이 발전했다. 그녀의 시대가 거란이 유목정권에서 전형적인 초원제국으로 발전하는 데 커다란 전환점이 되었다고 평가하는 사람들도 있다.

 요 중경(복원도)

1005년 10월, 거란은 송으로부터 제1차 세폐를 받았다. 거란은 어떻게 세폐를 사용하였을까? 사료를 통해 보면, 송의 세폐는 요의 국고를 풍족하게 하였다. 이 돈은 요 중경의 탄생에 직접적인 촉진제가 되었다. 거란에는 이미 상경, 남경, 동경이 있었다. 그런데 왜 성종은 중경을 건설하려고 했을까?

"지리상으로 상경은 한쪽으로 치우쳐 있었습니다. 중경은 거란국의 중부에 있었습니다. 국가를 다스리는 차원에서 고려했을 때 상경에 비해서 송의 수도인 개봉과 가까웠으므로 사신이 왕래하기 편한 이곳에 도읍을 세우는 것이 합당했습니다. (왕미상)"

역사 기록에는 요가 중경을 건설하기 시작한 것은 1007년이며, 그로부터 2년 뒤에 완공되었다. 중경의 둘레는 15㎞이며, 도로는 매우

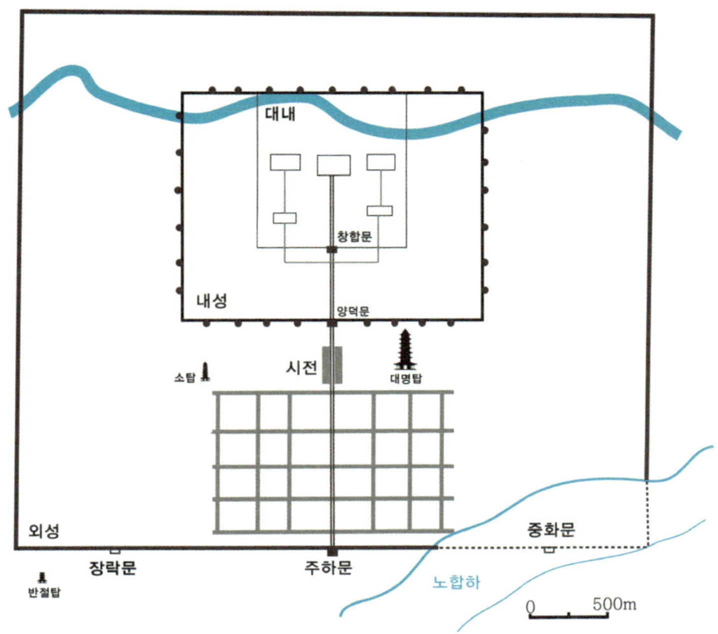

그림 4-13 요 중경성 평면도

넓었고, 중앙의 축선을 기준으로 동서가 대칭이 되도록 배치하였다.

그러나 성 안에 넓은 공터를 남겨두고, 이곳에 파오를 널리 설치하여 거란인이 거주하도록 하였다.

건설이 완성된 중경은 요의 제2 수도가 되었다. 소작과 성종은 중경성의 역참에서 송을 비롯한 다른 나라의 사신을 접견하였다. 송에서 거란에 보낸 첫 번째 사절단엔 과거에서 장원으로 합격한 대신 손근(孫僅, 969~1017)이 있었다. 그는 1005년 2월, 송 황제의 명령을 받들어

그림 4-14 요 중경 대탑

그림 4-15 내몽고자치구 카라친기에서 출토된 포도와
금꽃이 조각된 은쟁반

승천태후의 생신을 축하하러 거란에 갔다.

손근과 그의 수행인들이 거란의 국경을 넘은 후에 지방 자사들은 먼저 나와 환영했고 마을의 어른들은 말 앞에서 술을 바쳤으며, 백성들은 길가에 향을 피우고 찻물을 바쳤다. 사신들은 길을 가면서 두 종류의 식사를 하였다. 하나는 금 그릇에 담은 풍성한 한족 음식이고, 다른 하나는 나무 그릇에 담은 소박한 거란 음식이었다. 송 사절단은 거란으로부터 세심한 접대를 받았다.

손근이 돌아갈 때, 성종은 특별히 전투마 백 필을 선

물하였다. 말은 전투에서 꼭
필요한 자원이었기 때문에
이전에는 송에 전투마가 유
출되는 것을 엄격하게 금지
하였다. 그런 까닭에 성종의
이러한 행동은 매우 상징적
인 의미가 있었다.

그림 4-16 요나라 시대 바둑 돌 (적봉박물관 소장)

이후 100여 년간 북송의 구양수(歐陽脩), 심괄(沈括), 소송(蘇頌), 소철(蘇轍), 왕안석(王安石), '포청천(包靑天)'으로 불린 포증(包拯) 같은 저명한 인물들이 모두 거란에 사신으로 갔다. 거란에 사신으로 가는 사람은 자주 예식과 연회에 참석하였고 부나 시로 연회의 분위기를 돋우었는데, 그것이 연회에 빠질 수 없는 부분이 되었다.

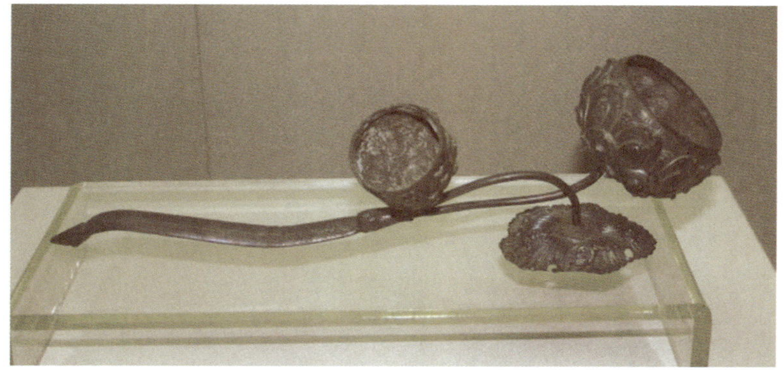

그림 4-17 도금은제 연꽃 작미로

"송의 사신들은 언제나 뛰어난 학식으로 고도로 발달한 중원의 문명을 표현하였고 거란의 일부 관원은 대련[32]으로써 상대방을 괴롭히려고 하였습니다. 하지만 송 사신들은 모두 마치 물 흐르듯 막힘없이 대답하여 거뜬히 상대하였습니다. 양 쪽의 대련 내용은 다음과 같습니다. (왕미상)

거란 관원이 낸 상련은,

아침 일찍 계자봉에 오르는 것은, 쌓아놓은 계란처럼 위험하다

(早登鷄子之峰, 危如累卵).

송 사신이 답한 하련은,

밤에 장인의 집에서 잠자는 것은, 태산과 같이 편안하다

(夜宿丈人之館, 安若泰山).

거란 사신이 또 내기를,

술이 많지만, 지나가는 사람이 너무 많아 머물러 묵지 않는다

(有酒如澠, 擊行人而不住).

송 사신이 즉시 답하기를,

'북쪽의 오랑캐가 출새를 연주한들 무슨 상관인가?

(在北曰狄, 吹出塞以何妨)[33]'"

"거란은 중원문화를 동경하였습니다. 대학자인 구양수가 사신으로 왔을 때 거란은 떠들썩했습니다. 거란 황제는 그를 꿀에 재운 자두로 접대하였습니다. 구양수는 이 자두를 매우 좋아했고 즐겨먹었습니다. 거란 사람들은 그의 '자두사랑'에 어찌할 바를 몰랐습니다. 그래서 꿀에 재운 자두를 '구리'(歐李: 구양수의 자두)'라고 불렀습니다."

박학다식한 소동파도 거란에서 명성을 날렸다. 동생인 소철이 요에 사신으로 가니, 거란 사람들은 계속 소식의 근황을 묻고, 대신 안부를 전해달라고 할 정도로 존경하는 뜻을 드러내었다. 거란 사람들의 열정과 선의는 송 나라 사신들을 감동시켰다. 송으로 돌아갈 때 소철은 감개무량해서 아래와 같은 시 한 수를 남겼다.

구리歐李(鈣果)

구리 또는 칼슘과일이라는 이름은, 식물의 전문 용어이다. 구리라는 이름을 붙인 사람은 식물학자 진영(陈嵘)이다. 구리(개과)에 대한 연구를 찾아보면, 구리 열매는 인체에 유익한 다양한 종류의 무기물을 포함하고 있으며 더욱이 칼슘의 함량이 일반적인 과실보다 높다. 칼슘 함량이 높기 때문에 '칼슘과일'이라는 이름이 생겨났다. 구리(또는 칼슘과일)는 일찍이 진상품으로 사용되었다. 청 강희제(康熙帝)는 어린시절 구리를 먹는 것을 특별히 좋아하여, 심지어 관리를 파견하여 황궁에서 사용할 구리를 재배하게 하였다.

그림 4-18 구리(개과)

호인들이 손님을 전송하니 차마 가지 못 하겠네	胡人送客不忍去,
오랜 평안과 호의는 중원에 의지하였네.	久安和好依中原
해마다 상간하 위에서 서로를 보내니	年年相送桑干上,
섭섭한 마음 백구하에 이야기 하고 싶네.	欲話白溝一惆悵

자연히 송에 가는 거란의 사신 또한 친절하고 빈틈없는 접대를 받았다. 송은 사신을 맞이하는 의례를 제정했다. 예를 들어, 요의 사신이 거란인이면, 거란의 예절로 황제를 뵈었으며, 만약 한인이면 중화의 예절에 따랐다. 아울러 거란 사신이 칼을 차는 것을 허락하였

고 동시에 매우 많은 선물을 하사하였다.

맹약에서 체결한 내용에 따라 두 나라 사이의 무역 활동은 활발해졌다. 북송은 하북 변경에서 네 곳의 시장을 개방하여 거란과 무역을 하였다. 역사 기록에 따르면 송은 거란에 매년 10만 냥의 은을 주었지만, 무역을 통하여 매년 50~60%를 회수할 수 있었다. 송은 단지 매년 4만 냥의 은을 손해 본 것이다. 통계에 따르면, 1005년 '전연의 맹약' 체결로부터 1122년까지 송은 거란에게 세폐로 모두 1,950만 냥의 은을 주었다.

사람들을 곤혹스럽게 한 것은 '송 휘종의 생일 선물로 만든 1호 은정을 왜 거란국에 보냈을까?'하는 점이다. 역사학자들은 휘종 시대의 경제 상황과 관계가 있다고 생각한다. 휘종은 재위 기간 동안 간신을 중용하였고, 제멋대로 백성의 재물을 거두어들였으며, 극도로 사치하여 국고를 텅 비게 만들었다. 따라서 어쩔 수 없이 생일 기념 은정까지 꺼내 세폐로 납부해야 했던 것이다.

1985년 파림좌기에서 한 농부가 김을 매다 송 철종 소성(紹聖) 2년(1095)에 제작된 50냥짜리 은정을 발견했다. 그

그림 4-19 천녕절 은정

후 파림좌기에 있는 농부가 땅을 파다 휘종 숭녕(崇寧) 4년(1105)에 만든 50냥짜리 은정을 발견했다.

문화재 관리자들은 이것을 2호와 3호로 구분하였다. 이 두 개의 은정 윗면에는 어떤 새로운 정보가 있을까? 자세히 살펴보면 2호 은정에 '왕일(王鎰)'이라는 이름이 새겨져 있다. 왕일은 누구인가? 왜 그의 이름이 은정 윗면에 새겨져 있는가? 우리들은 왕일이 은정을 만든 장인이라는 결론을 내렸다. 3호 은정의 윗면에는 "전부엄면조신행인(專副嚴面曹伸行人)"이라는 글자가 있다. '행인(行人)'은 관부에 협조하여 상업 활동을 하는 상인이다. 조신(曹伸)은 행인의 한 사람이고, 맡은 일은 '전부엄면(專副嚴面)'인데, 은정을 심사하는 직책이다. 이를 담당한 행인의 성명은 윗면에 새겨져 있는데, 이는 송 조정이 은정 생산과 관리를 세분화하였음을 보여준다. 3호 은정의 오른쪽 상단 귀퉁이에는 동그란 구멍이 있다. 왕미상 관장은 이를 조신이 은정의 품질을 검사할 때 남겨놓은 흔적이라고 추측한다. 은에 동과 주석을 섞는 것을 막기 위해서였다.

1022년 진종은 54세에 세상을 떠났다. 그 소식이 거란에 전해지자 성종은 유주(幽州) 민충사(憫忠寺)에서 도량[34]을 열어 백 일 동안 진종의 극락왕생을 빌었다. 성종은 통곡하면서

"거란이 남조(宋)와 형제의 약속을 맺은 지 벌써 20년인데, 별안간 형

님이 돌아가셨다는 소식을 들으니 슬픔을 감당할 수 없다. 비록 두 살이 적지만 얼마나 더 살겠는가?"

라고 말하였다.

지난 일은 마치 연기와도 같지만 당시의 세폐는 진귀한 문화유산이 되었다. 3개의 은정에는 천여 년 전에 발생한 중국 역사상 중대한 사건인 '전연의 맹약'이 기록되어 있다. 이것은 후대 사람에게 남겨 져, 오랫동안 논쟁하고 생각할 거리를 남겨주었다.

5

한씨 가족

契丹 王朝

5

한씨 가족

1994년 어느 날, 내몽고자치구 파림좌기 박물관에 백음한산(白音罕山) 부근에 있는 무덤이 도굴당했다는 소식이 전해졌다. 백음한산은 주봉의 높이가 1,700m이며 파림좌기 정부 소재지에서 80km 떨어진 곳이다.

박물관 직원들이 서둘러 가보니, 200여 개의 도굴 구멍과 어렴풋이 드러난 향전(享殿)[35]의 터가 보였다. 동시에 과거에

그림 5-1 한광사 가족 묘지

묘를 보호하기 위해 쌓은 돌담장을 발견했다. 얼핏 보아도 요대의 고분이었다. 거란국의 무덤은 산을 끼고 양지바른 곳에 자리잡으며, 돌담장을 쌓아 무덤을 보호하는 특징이 있다. 고고학자들은 조사팀을 꾸려 요나라 무덤을 찾기 시작했다. 먼저 산의 뾰족한 부분과 돌담장을 구부러지게 쌓은 곳을 살펴보았다.

현장을 탐사해보니, 이 지역의 요대 고분들은 이미 오래 전 도굴을 당해서 부장품이 씻은 듯이 약탈당한 상태였다. 이 지역의 시민들이 왕미상 관장에게 알려준 사실은 많은 무덤이 도굴당했다는 것과, 가장 변두리에 있는 무덤[3호묘] 안에는 아직 유물이 있을 수도 있다는 것이었다.

유물이 있다는 이야기를 듣고, 대원들은 바로 내려가서 살펴보기로 결정하였다. 가장 변두리의 고분은 뒤에 고고학자들이 3호묘라고 이름지었다. 박물관 근무자들이 차례대로 도굴 구멍의 내부로 들어갔을 때, 그들은 무엇을 보았을까?

이곳은 매우 수준 높은 무덤 중 하나였다. 묘실로 들어가는 길, 좌우에 이실(耳室)[36], 주실, 후실이 있었다. 높고 큰 묘실 내부에선 부장된 금은보화의 자취를 볼 수는 없었고, 다만 벽화와 묘지명[37] 덮개석 두 개만 남아있었다.

그림 5-2 한지고 묘지명

그림 5-3 한광사 묘지명 덮개석

그림 5-4 한광사 부인의 묘지명
덮개석

어째서 묘지명의 덮개만 남고 묘지명은 사라져 버린 것일까? 묘지명은 무덤을 도굴한 사람이 훔쳐 간 것이다. 과거 도굴꾼은 묘지명에는 손을 대지 않았다. 비록 묘지명의 덮개만 남아있었지만, 이것들을 서둘러 수습해 왔다.

왕미상 관장이 기억하기로, 묘지명 덮개 두 개를 도굴 구멍으로 꺼내기 위해, 그들은 열 시간 남짓 작업을 계속하였다.

"이 도굴 구멍은 매우 작아서 한 사람이 겨우 들어갈 수 있을 정도였습니다.

그런데 묘지명 덮개 두 개 중 하나는 이전의 것과는 달리 유달리 컸고, 정사각형으로 생겼으며, 한 변의 길이는 1.22 였습니다. 그래서 작업하는 사람들이 그것을 매우 힘들게 끌어당겨서 꺼냈습니다."(왕미상)

그러면 이 두 개의 묘지명 덮개는 어떤 사람의 것이었을까? 묘지명 덮개 위에 쌓인 흙을 제거하여 보니 '고 상보 진왕 증상서령 창려[38] 한공 묘지명(故尚父秦王贈尚書令昌黎韓公墓誌銘)'이라는 16개의 큰 글씨가 사람들의 눈에 들어왔다. 다른 묘지명 덮개 위에는 '고 진왕태부인 묘지명(故秦王太夫人墓誌銘)'이라는 글자가 새겨져 있었다.

《요사》 등을 찾아 본 왕미상은 상보 진왕 한공이 거란국 역사상 큰 명성을 지닌 한광사(韓匡嗣)라는 사실에 매우 놀랐다.

왕미상 관장은 백음한산 아래 3호묘가 한광사 부부의 합장묘이며, 이 지역이 한씨 가문의 묘역이라고 단정하였다. 사료를 살펴보면, 한광사의 아버지는 한지고(韓知古)이다. 그렇다면 한지고는 어떠한 사람이고, 어떠한 내력을 가지고 있을까? 사료에는 한지고가 한씨 가문

한광사(韓匡嗣)

요대 계주(薊州, 지금의 하북성 계현) 옥전(玉田) 출신이다. 옥전 한씨는 아마도 당나라 말기 오대의 변란 중에 몰락한 관료 집안으로 보인다. 그의 아버지 한지고(韓知古)는 여섯 살 때 순흠황후(아보기의 황후)의 오빠 소욕온에게 잡혀서 거란으로 왔다. 황후는 아보기에게 한지고를 혼수품으로 주었기 때문에, 황족의 사노(私奴)인 "궁분인(宮分人)"이 되었다.(『요사』 한광사 열전)

중에서 초원으로 들어온 첫 세대의 한족이라고 기록되어 있다. 그의 조상들은 계주에 적을 두었다. 지금 이곳은 하북성 옥전현이다. 그의 할아버지와 아버지 모두 당나라 말기에 계주의 사마(司馬)[39]를 지냈다. 그리고 한지고가 거란에 오게 된 것은 전쟁과 관련이 있다. 903년 거란이 1차 남하전쟁을 하던 중, 여섯 살의 한지고는 납치되어 대막초원으로 끌려왔고 술률평의 노예가 되었다. 한지고는 어떻게 술률평의 노예가 되었을까? 그가 술률평의 오빠인 소욕온에게 포로로 잡혔기 때문이다. 당시 거란의 정책은 어떤 이가 포로를 잡으면 그 사람의 소유로 귀속시키게 되어 있었다. 이런 종류의 노예들을 '궁분인(宮分人)'이라 불렀다. 뒤에 한지고는 노예의 신분으로 혼수품으로 술률평을 따라가 야율아보기의 휘하가 되었다. 이때부터 그의 운명이 바뀌기 시작했다.

"한지고는 매우 재능이 많았습니다. 다만 처음 아보기의 휘하가 되었을 때는 주목을 받지 못했기 때문에, 그는 일찍이 도망쳐 나왔다. 황후 술률평은 한지고가 얻기 어려운 인재임을 알아채고 그를 아보기에게 추천하였습니다."(왕미상)

현명한 인재를 간절하게 찾던 아보기는 즉시 한지고를 불러 나라를 다스리고 백성을 편안하게 하는 방법에 대해서 논의하였다. 오랫동안 이야기를 나눈 후에 한지고는 아보기의 눈에 들어 비로소 중용의 기회를 얻었다.

거란 건국 초기에 한지고는 한족 업무를 담당했다. 우리는 거란 왕조의 '각 민족의 습속에 따라 다스린다'정책의 제정에 그가 일정 부분 기여했다는 것을 알 수 있다. 동시에 한지고는 여러 나라와의 외교 의례를 책임지고 있었다. 그는 한족의 의례와 옛 제도에 근거하고 거란의 풍속을 참조하여 거란국 사정에 맞는 의례제도를 만들었

한지고(韓知古)

계주 옥전 출신으로, 계책이 뛰어나고 식견과 도량이 있었다. 태조가 계주를 평정할 당시 한지고는 여섯 살이었는데, 순흠황후 술률평의 오빠에게 사로잡혔다. 황후가 후에 빈이 되었을 때 한지고는 황후를 따라서 궁궐에 들어갔으나 태조의 눈에 띄지 못했다. 오랜 세월이 지나, 그는 재능 있음을 자부하여 뜻을 얻지 못함을 불평하였다. 그래서 궁궐에서 도망쳐 품팔이를 하면서 생활했다.

그의 아들 한광사가 태조를 가까이에서 모시다가 틈을 타서 말하였다. 태조가 한지고를 불러서 대화하고 현명하다고 생각하여 국가의 정책을 결정하는 데 참여시켰다. 신책 초년(916) 창무군절도사에 임명되었다. 얼마 후에 신임이 더욱 두터워져 한인 관련 업무를 담당하는 한아사의 총지사가 되었고, 여러 나라의 의례도 주관하였다. 당시 의례에 대한 규정이 치밀하지 않았는데, 한지고는 고전에 근거하고 거란의 풍속을 참작하였으며 한인의 의례도 반영하여 나라 사람들이 쉽게 알고 실천할 수 있게 하였다.

얼마 후 좌복야에 제수되었으며 강묵기(康默記)와 함께 한인 군사를 거느리고 발해를 정벌하는 데 공을 세워 중서령으로 승진했다. 천현 연간에 죽었으며 좌명공신의 한 사람이 되었다. (《요사》 한지고 열전)

다. 또한 한지고는 야율아보기의 발해국 정복전쟁에 참가하여 공을 세웠다. 이후 한지고는 상당한 지위의 재상인 중서령으로 승진하였고, 태조 야율아보기의 좌명공신 중 한 명이 되었다.

"한지고가 야율아보기에게 중용되고 신임을 얻었기 때문에 한씨 가족은 점차 거란국에서 고귀한 한족 가문이 되었습니다. 그렇게 된 가장 주된 원인은 거란 통치자가 한족 관원에 의지하고 중용하는 정책 덕분이었습니다. 이 정책은 또한 요 나라가 건립되고 발전하며 강성해질 수 있었던 원인이었습니다."(왕미상)

한지고는 11명의 아들을 두었다. 셋째 아들인 한광사를 비롯한 그들 형제는 요 나라의 관직에 올랐다. 전하는 말에 의하면, 천진 계현의 독락사 자리에 한씨 가문의 사당을 건설하였다고 한다. 사찰 안의 관음상 정수리 위에 11기의 작은 불상이 있는데, 한광사와 그의 10명의 형제를 상징한다고 한다.

한광사의 묘지명 덮개석을 수습한 후 왕미상 관장의 마음속에서 초조함이 일어나기 시작했다. 왜냐하면 하나의 완벽한 묘지명은 묘지석과 묘지명 덮개석으로 구성되기 때문이다. 통상적으로 묘지명 덮개석에 무덤 주인의 신분과 성명을 쓴다. 그리고 묘지명에는 무덤 주인의 일생과 사적(事迹)을 기록한다. 이 얻기 어려운 사료는 한씨 가문의 연구에서 중요한 의의를 가진다.

그림 5-5 독락사 전경

독락사(獨樂寺)

독락사는 대불사라고 불리며 천진 계현성 안에 자리 잡고 있다. 이 절은 대내외적으로 천년고찰이라는 명성을 누리고 있다. 독락사는 정관10년(636)에 창건되었으며, 요 통화 2년(984)년에 중건되어 지금에 이르기까지 천여 년의 역사를 가지고 있다. 중국 고대의 목조 건축물 중 대표작이며, 중국 안에 있는 거란국 시대 3대 사원 중의 하나다. 1961년 국무원의 비준으로 전국중점보호문물단위가 되었다. 옛날에는 '독락사의 새벽불빛'은 어양팔경(漁陽八景) 중 으뜸이었고, 지금도 "독락사의 새벽빛"은 진문십경 중의 하나로 꼽는다. 독락사는 세계역사문화유산 목록에 등재되었다.

"우리는 서둘러서 긴급히 경찰서에 전화를 했습니다. 백음한산 아래의 도굴 구멍이 대요국 한씨 가문의 무덤자리이며, 매우 중요한 곳이라고 설명했습니다. 지금은 한광사의 묘지명 덮개석만 있지만 묘지명은 아마도 도굴꾼들의 수중에 있을 것이니 빨리 사건을 해결해야 한다고 말했습니다.”(왕미상)

한광사 묘지명의 도난은 파림좌기 박물관과 경찰 당국의 높은 관심을 불러 일으켰고, 경찰 고위층들은 즉시 움직이기 시작하였다. 오래 지나지 않아 해질녘쯤에 두 개의 석판을 실은 트랙터 한 대가 백음한산 아래 마을을 급히 빠져나가고 있었다. 이상하게도 석판의 윗면이 푸른 풀로 덮여있었다.

“당시에 제가 무덤 부근에 매복해 있었는데, 언뜻 보기에도 이 트랙터에 문제가 있어 보였습니다. ‘석판을 어째서 풀로 덮었을까?’ 즉시 트랙터를 아래로 끌고 왔습니다. 석판 위에 있는 문자를 살펴보니 바로 박물관에서 찾고 있는 묘지명이었습니다. 박물관에서 입수한 묘지와 한 쌍이어서 완벽하게 들어맞았습니다.” (왕미상)

도굴꾼의 진술에 따르면, 그들은 한광사 부부의 묘지명을 다른 지방에 팔 생각이었고, 마을을 빠져나오자마자 체포당하리라고는 상상도 못했다고 한다. 어렵게 되찾아온 묘지명에서 무엇을 새롭게 찾았을까? 묘지에는 “한광사는 918년에 태어났으며 거란 태종, 세종, 목종, 경종 네 황제의 조정에서 관리가 되었다.”고 기록되어 있었다. 경종이 다스리던 시기에 한광사는 이미 ‘선력공신’ 칭호를 받았고,

더불어 자신의 성으로 두하군주[40]를 건립하였다. 요는 네 곳의 전쟁에서 사로잡은 사람들을 초원으로 데려와 두하군주를 건설했다. 두하군주는 요나라의 황제나 황제의 친척, 귀족 등 개인의 성을 말한다. 성 안의 생산과 수확은 술을 제외하고는 국가에 세금을 납부하지 않았다. 그 밖의 세금은 두하군주의 주인이 징수해서 소유했다. 《요사》에 따르면, 한광사의 두하군주는 전주(全州)였다. 그러나 전주의 규모와 지리적인 위치에 대한 상세한 기록은 없다. 그렇다면, 한씨 가문의 두하군주는 어느 지방에 있었을까?

"한광사의 두하군주인 전주는 그들 가족의 묘지에서 멀지 않은 지방에 있었다고 생각합니다."(왕미상)

과연 한 차례 현지 답사를 해본 결과, 문화재 관리자가 백음한산에 있는 한씨 가문 묘지에서 동남쪽으로 15Km 떨어진 곳에서 오래된 성 유적을 발견했다. 유적 안에 있는 매우 두터운 문화퇴적층에서 거란국 시대의 전형적인 유물인 녹색 유약을 바른 봉황 꼬리 모양의 병(녹유봉미병), 백색 유약을 바른 닭볏 모양의 병(백유계관호) 등이 출토되었다. 왕미상 관장은 남아있는 고성 유적 위에 서서 이곳이 한광사 개인의 성인 전주성 유적이라고 보았다.

그는 '진국태부인 묘지명'을 해석하여 한광사가 그 당시에는 신분상으로는 궁분인이지만, 실제로는 중요한 위치에 있었다는 사실을 확실히 알았다. 묘지명에서 한광사의 부인 소씨는 황후족 출신이며, 난릉공주로 책봉받았다는 사실을 알 수 있다. 거란의 법률에 따르면, 황후족 출신 여자는 단지 황족인 야율씨와 기타 귀족 성씨와만 혼인할 수 있었다. 한광사가 황후족인 소씨 가문의 여자와 결혼할 수 있었다는 것은 그가 사실상 귀족이 되었다는 것을 말해준다. 그렇지 않으면 난릉공주를 아내

그림 5-6 녹유봉미병(적봉박물관 소장)

그림 5-7 경주 백탑 출토 한백옥 채색 와불(파림우기 박물관 소장)

로 맞아들일 수 없었을 것이다.

난릉공주는 어질고 총명했으며, 대의명분을 잘 알았다. 한광사와의 사이에서 아들 아홉을 낳았는데, 그 중 네 번째 아들이 명성이 자자한 한덕양이다. 한덕양에 대해서 말하면, 사람들은 그와 소작의 낭만적인 이야기를 떠올린다.

982년 9월 지방을 순시하던 경종 야율현은 운주[42]의 행궁에서 돌연 병으로 죽었다. 당시 황후 소작은 막 30세가 되었고, 태자 야율융서는 고작 열 두 살이었다. 경종이 세상을 떠나자, 두 사람은 하루

아침에 과부와 아비 없는 자식이 되었다. 군대를 보유하고 있던 제후와 왕족 200여 명이 정권을 장악하려고 황제의 자리를 호시탐탐 노리고 있었다.

거란의 가장 큰 폐단 중 하나는 제후들이 많게는 수천 명에서부터 적게는 수백 명에 이르는 군대를 가지고 있었다는 점이다. 몇몇 사람들은 때에 따라 반란을 일으켜 황제의 권력을 위협했다. 거란 황족은 모두 야율씨였다. 적지 않은 야율씨들이 자기도 황제의 자리에 오를 수 있다고 생각했다. 야심 있는 야율씨들은 거의 모두 황제가 될 생각을 하거나 속마음을 숨기고 있었지만 황제가 되고 싶어 하였다. 이런 까닭에 거란에서 반역을 도모하는 일은 어느 왕 때나 끊임없이 일어났다.

경종이 통치하던 때에 소작은 '여자 군주로서 조정에 나와 나랏일을 모두 결정'하였지만, 경종의 지지가 없어지자 상황이 바뀌어 커다란 위험이 닥쳐왔다. 문제가 더욱 심각했던 것은 당시 경종이 운주에서 죽었기 때문이다. 운주는 현재의 산서지방이다. 거란국의 풍속에 따르면 성종은 반드시 그 곳에 가 경종의 관 앞에서 즉위해야 했다. 이때 빈틈을 타 반역을 일으키는 자가 있으면, 그 결과는 상상에 맡길 뿐이었다. 따라서 줄곧 자신만만하고 신중했던 황후 소작이 이러한 돌발적인 변고를 당하여 놀라고 무기력해진 것처럼 보였다. 바로 이 결정적인 순간에 한덕양이 그녀의 곁으로 왔다.

982년 9월 경종 야율현이 운주에서 병사했다는 소식이 남원 추밀사 한덕양의 귀에 전해졌을 때, 그가 가장 먼저 취한 조치는 그의 심복들을 소집하고, 서둘러 이들을 소작의 궁궐로 보내 그녀를 보호하도록 한 것이다. 한덕양은 또 소작에게 명령을 내리도록 권하여, 제후들이 사적으로 모이거나 왕래하는 것을 금지시켜서 모반을 계획하지 못하도록 하였다. 동시에 제후들의 부인들에게 황후를 모시고 오도록 명령하였다. 이는 그녀들을 인질로 손아귀에 잡아두려는 의도와 다를 바 없었다. 이어서 한덕양은 몇몇 신뢰할 수 없는 대신을 교체하고자 하였다. 한덕양의 전적인 협조에 의해 궁정 내에 무르익던 정변의 분위기는 잠잠해졌다.

982년의 어느 날, 한덕양과 야율사진 등 대신들의 지지 아래 태자 야율융서(성종)가 순조롭게 황위에 올랐다. 그리고 소작도 순조롭게 승천황태후가 되었다.

성종 즉위 초기에 소작은 조정에 나와 섭정을 하였고, 한덕양 또한 '숙위에 관한 일을 총괄'했다. '숙위에 관한 일을 총괄'했다는 것은 무엇일까? 황제를 안전하게 지키는 일을 책임지는 것이다. 한덕양은 학문과 무예에 모두 능하였다. 그가 밤낮으로 순찰의 임무를 계속하니, 몇몇 제멋대로 행동하던 신하들도 소동을 일으키지 못했다.

그렇다면, 결정적인 순간에 한덕양은 왜 소작과 한편이 되었을까? 많은 전문가들과 마찬가지로 왕미상 또한 소작과 한덕양의 사이가 특수한 관계였다고 생각한다. 기록에 의하면, 소작은 어렸을 때 한덕양과 약혼한 사이였지만, 미처 결혼에 이르지 못한 채 경종에게 선택되어 궁중으로 들어왔다. 경종 사후에 그녀는 개인적으로 한덕양을 만난 자리에서 "나는 일찍이 당신과 결혼을 약속했으니, 다시 좋은 관계로 돌아가기를 원합니다. 현재 이 나라의 어린 군주는 말하자면 당신의 아들이나 마찬가지입니다."라고 하였다.

성종이 즉위하고 오래지 않아, 한덕양의 처와 자식은 영문도 모르게 죽었다. 이때부터 한덕양과 소작은 일상생활을 같이 하였는데, 평범한 부부처럼 같이 먹고 살면서 잠시도 떨어지지 않았다. 어떤 학자의 분석에 따르면, 소작은 정식으로 한덕양과 재혼하였다고 한다. 물론 지존한 태후로서 신하와 재혼하는 것은 한족의 봉건적 윤리도덕 기준으로 보면 황당한 일이다. 그러나 소작은 송 나라의 태후가 아니다. 거란인의 관점에서는 거란 귀족의 도덕규범에 위배되는 일이 아니었다.

왕미상은 다른 사료에서 승천태후와 한덕양의 결혼에 대한 증거를 얻었다. 송과 요가 전연에서 회담할 때 송 나라의 담판 대표였던 조리용(曹利用)[43]은 자신이 직접 본 것을 다음과 같이 기록으로 남겼다.

그림 5-8 선화 요묘에 그려진 해차

"승천태후 소작은 군대에서 한덕양과 타차(駝車) 위에 나란히 앉아 있었다."

'타차(駝車)'는 '해차(奚車)'이다. 이는 수레 위에 장막을 친 것으로 사람이 안에서 살 수 있었다. 조리용은 소작과 한덕양 두 사람이 '나란히 앉아 있는 것(偶坐)'을 보았다. '나란히 앉는 것'은 같은 줄에 앉아있는 것이다. 만약 부부가 아니라면, 누가 감히 태후와 '나란히' 앉겠는가? 태후 또한 신하와 '나란히' 앉으려고 하겠는가?

만약 그랬다면 지존 천자인 성종은 한덕양을 어떻게 대했을까? 성종은 계부인 한덕양을 진심으로 존경했다. 그는 매일 자신의 두 아들을 한덕양의 거처에 보내 문안 인사를 올리게 했다. 성종은 아들들에게 한덕양이 머무는 곳에 갈 때는 반드시 2리 떨어진 곳에서 수레에서 내려 걸어가도록 당부했다. 또한 한덕양이 수도 밖으로 나갔다가 돌아올 때에는 친왕[44] 두 명이 앞서 가서 영접하고 문안 인사를 드리도록 했다.

심지어 성종도 한덕양을 뵈러 갈 때에는 50보 밖에서 수레에서 내려 걸어 감으로써 지극한 존중을 표시했다. 한덕양이 궁궐로 사용하는 장막을 나가 성종을 영접할 때 황제는 그를 향해 예를 표하였다. 궁 안으로 들어와서는 한덕양이 높은 자리에 앉았다. 성종은 그를 향해 공손하게 부자간의 예를 지켰다.

승천태후가 한덕양과 결혼한 것은 아니고, 그들 사이가 사실혼이었을 뿐이라고 생각하는 학자도 있다. 승천태후가 한덕양을 신임한 데는 개인적 감정 외에 다른 요

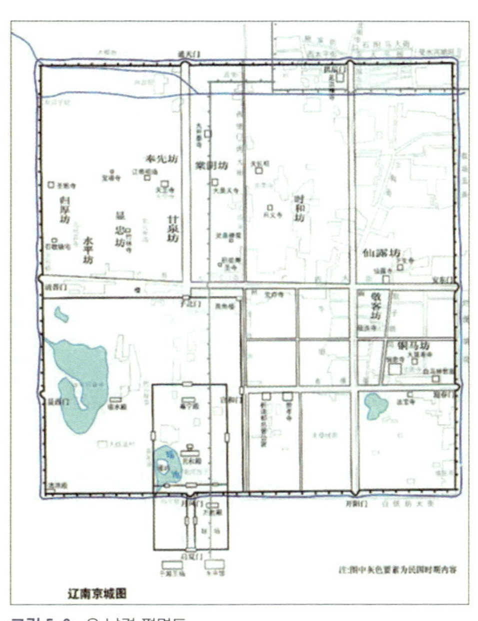

그림 5-9 요 남경 평면도

인이 있었을까? 다른 학자는 다음과 같이 추측했다. 소작의 아버지
인 소사온은 일찍이 요 남경(현재의 북경)유수을 맡았는데, 소작은 어
렸을 때 부친을 따라 남경에서 자라서 한족의 문화에 농후하게 영향
을 받았고, 거란의 오랜 풍속을 고치지 않으면 국력을 강성하게 할
방법이 없다는 것을 예리하게 파악하고 있었다.

한덕양은 풍부한 식견과 출중한 지혜를 가진 한족이었으므로 두 사
람의 정치적 견해는 약속이나 한 듯이 일치했다. 이렇게 지향하는
바가 일치했던 것이 그들 관계의 기초가 되었을 것이다.

그렇지만 어떤 학자는 소작이 한덕양을 마음에 들어 한 중요한 이유

그림 5-10 마구도

는 정치적 필요였다고 생각한다. 기록에 의하면, 한덕양은 어린 시절부터 〈시경〉과 〈서경〉을 열심히 읽어서 나라를 다스리는 정책에 대한 훌륭한 견해를 가지고 있었으며, 전쟁을 치르는 데 있어서 최고의 전문가였다. 소작은 거란왕조가 자리잡는 데 위험한 요소가 많아서 반드시 한덕양 같은 지혜와 지략이 풍부하고 문무를 겸비한 인물에게 의존해야한다는 점을 너무나 잘 알고 있었다.

소작이 한덕양의 능력을 높게 평가하고 그를 총애하였으므로, 그의 권세는 더욱 더 커졌고 지위는 갈수록 높아졌다. 995년, 한덕양은 북부재상에[45] 임명되고, 흥화공신의 칭호를 받았다. 그 후 대승상에 임명되어 남·북 추밀원의 업무를 관리하였고, 거란의 군사와 정치의 대권을 장악하여, 황제와 황후에 버금가는 존귀한 지위에 올랐다. 승천태후는 한덕양의 권세를 강화하는 것이 자신의 지위를 공고히 하는 것이라 생각했다. 그녀는 감히 한덕양과 충돌하거나 멸시하는 사람에게는 조금도 사정을 봐주지 않았다.

타마구(打馬球)는[46] 거란 사람들이 좋아하던 운동이다. 한번은 한덕양이 타마구를 할 때, 거란인 호리실(胡里室)과 부딪혀 말에서 떨어지고 말았다. 소작은 크게 분노하여 호리실의 목을 베라고 명령을 내렸다. 거란국 시대의 출토 유물과 벽화에서 '골타(骨朵)'라고 불리는 병기를 볼 수 있다. 직경 10cm의 원형 철기가 긴 막대기 위에 고정되어 있

그림 5-11 골타

그림 5-12 골타를 들고 있는 거란 호위병

다. 한번은 야율호고와 황족 권세가가 모반사건 때문에 한덕양에게

대항하였다. 한덕양은 화가 나서 호위 군사의 손에 있던 철 골타를

빼앗아 야율호고를 내리치니 골이 깨져 튀어나왔다. 거란국의 법률

에 의하면, '한인이 거란인을 죽이면 상대방에게 생명으로써 배상해

야만 하며, 거란인이 한인을 때려죽이면 소와 양 몇 마리의 배상으로 그친다.'라고 되어있다. 지금 한덕양이 거란 황족을 쳐서 죽였는데 사람들이 예상하지 못한 것은 소작이 일을 처리한 태도였다. 그녀는 다만 야율호고를 후하게 장례지내라고 명령하였을 뿐, 한덕양을 처벌하지 않았다. 승천태후가 이렇게 처리한 것은 황족의 권위를 깎아내리고 억압하기 위해서였다. 한덕양은 할아버지와 아버지가 모두 거란국의 중신이었을 뿐만 아니라, 자기도 승천태후로부터 온갖 총애를 받고 명성을 날리고 있다는 것을 머릿속으로 잘 알고 있었다. 그러나 '궁분인' 출신이어서 거란 귀족들의 경멸을 받았으며, 그들이 마음속으로 간직하고 있는 경멸은 때로 무의식적으로 밖으로 나타난다는 것도 알고 있었다.

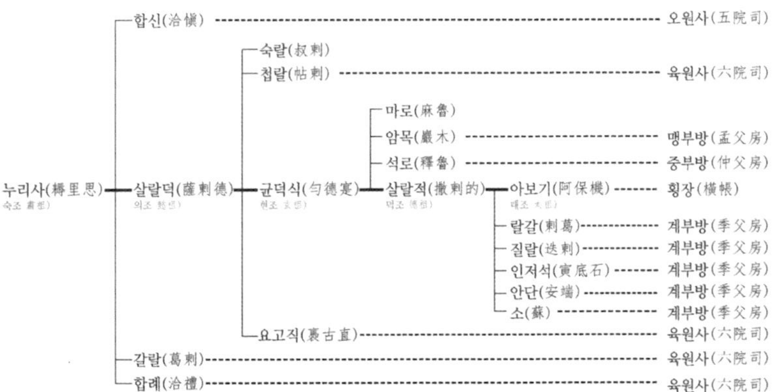

그림 5-13 거란 황실의 사·방·장의 구성

한덕양은 이런 난처한 입장을 벗어나기 위해서 자기의 신분을 완전하게 바꾸고, 죽을 때까지 온 힘을 다 바쳐 충성함으로써 나라에 보답해야 한다는 것을 알았다. 한덕양의 노력은 보답을 받았다. 1004년 12월, 그는 마침내 거란국의 국성인 야율씨를 하사받았고, 이름을 야율덕창(耶律德昌)으로 바꾸었다. 나중에 야율융운(耶律隆運)으로 다시 이름을 바꾸고, 진왕(晉王)에 봉작되었으며, 횡장[47] 중 계부방에 소속되었다.

횡장은 거란 황족의 호칭으로, 황족 중 계부방은 아보기의 부친(德祖, 야율살랄덕)에게 속한 계열의 후손이다. 이때부터 거란국의 노예 신분이었던 한씨 가족은 황족이 되었다. 이듬해 한덕양은 정식으로 '궁분인'의 신분에서 나와, 끝내 노예의 신분에서 벗어났다. 한지고가 903년 납치당해 만리장성 밖에 이르러 '궁분인'이 되었을 때로부터 1005년 한덕양이 궁분인의 적에서 벗어나기까지 한씨 가족 3대는 꼬박 한 세기를 기다려야 했다.

그밖에도 한덕양은 황궁과 비슷한 규모의 문충왕부(文忠王府)를 받았으며, 더불어 만 명의 궁위를 보유하였다. 궁위는 무엇일까? 궁위는 황궁을 경호하는 부대를 가리키는데, 기병으로 구성되었다. 거란국이 세워진 후 200여 년 동안 단지 13개의 궁위만이 설치되었다. 왕미상은 놀랄만한 발견을 하였다. 13개의 궁위를 가진 사람은 요대 9

명의 제왕과 아보기의 부인 응천태후 술률평, 승천황후 소작과 성종의 셋째 동생인 야율융경이고, 나머지 한명이 한덕양이었다. 한덕양은 황제와 황태후로부터 황족 구성원의 대우를 받아 누렸으며, 그 지위가 거란국 제왕의 위치에 있었던 것이다.

왕미상이 생각하기에, 한덕양의 지위 상승은 거란 통치자들이 요 나라 초기단계의 민족 관계를 한 단계 더 높은 수준으로 진전시켜서 조정한 것을 의미하며, 이것은 거란국의 통치를 견고하게 하는 데 반드시 필요한 일이었다.

한덕양은 어떻게 1005년에 "궁적에서 나올" 수 있었을까? 왕미상은 한덕양이 전연의 맹약을 맺을 때 중요한 역할을 한 것과 관계가 있다고 생각한다. 역사서에는 기록되어 있지 않지만, 한덕양이 송과 요의 평화를 촉진시킨 사람이었기 때문에 궁적에서 나올 수 있었다고 생각할 수 있다. 그는 중원왕조는 무력은 약하지만 문화는 발달했다는 점과 장기적인 대치는 거란국에게 아무런 이득이 되지 않는다는 점을 너무나 잘 알고 있어서 전연의 맹약을 맺을 때 중요한 역할을 했다. 한덕양은 승천태후의 신임과 사랑을 저버리지 않았다. 죽을 때까지 그는 승천태후에게 충성하여 그녀만을 사랑했고, 거란의 진흥과 발전을 위해서 혼신의 힘을 쏟았다. 이러한 한덕양의 지지와 영향 덕분에 소작은 거란국의 제도와 풍속의 발전을 위해 잇달아 과감하고

그림 5-14 의무려산(醫巫閭山)

그림 5-15 의무려산 망해당 보살전

패기 있는 개혁을 할 수 있었다.

이러한 개혁에는 농사를 장려하고, 관리들을 청렴하도록 이끌며, 억울한 죄수가 생기지 않도록 하고, 노예를 부분적으로 해방하고, 부족을 재편성하는 것 등이 포함되었다. 이러한 개혁을 통해 거란국은 노예제 국가에서 봉건제로 한걸음 진전하였을 뿐만 아니라 더 중요한 것은 거란족과 한족의 관계를 개선하여, 요 나라가 전성기로 진입하는 토대를 마련한 것이다.

1009년, 뛰어난 정치가였던 승천태후는 황권을 아들 성종에게 돌려주고, 40여 년의 섭정 인생을 마쳤다. 승천태후는 어린 시절 성장했고 중원문화가 풍부했던 유주에 가서 만년을 편안하게 살려고 계획했다. 그러나 그녀는 불행하게도 유주로 가다가 질병에 걸렸다. 이 해 12월, 57세의 소작은 행궁에서 병사했다. 죽은 뒤에는 남편 경종과 의무려산에 있는 건릉에 합장되었다.

성종은 직접 정치를 하면서 외교적으로는 송과 평화 공존의 방침을 시행했고, 내정에서는 한덕양과 승천태후가 시작한 봉건화 개혁을 계속 추진했다. 거란국은 사회가 안정되고 경제가 번영하며 문화가 발전하면서 전성기로 진입하였다. 성종의 치세는 작은 요순의 시대라 불리었다.

승천태후의 죽음은 만년의 한덕양의 입장에서 보면 심각한 타격이었다. 이후 그는 우울해져서, 일 년 후 바로 중병에 걸려 일어나지 못했다. 1011년 3월 초 한덕양이 세상을 떠났으니, 향년 71세였다. 《요사》는 한덕양에 대해 다음과 같이 평가하였다.

"통화 연간에 장군과 재상의 지위를 겸하였다. 적을 물리쳐 승리를 거두었고, 지혜를 다하여 나라에 헌신하였으니 공훈과 업적이 대단하였다."

통화는 성종이 사용한 연호이며, 이러한 평가는 성종 시기에 한덕양의 공로가 매우 위대하였다고 설명하는 것이다. 성종은 한덕양의 병세가 위중했을 때 한덕양의 부[韓府]로 가서, 직접 차를 올리고 약을 먹이며 문안 인사를 올렸다.

한덕양이 죽은 후, 성종은 성대하고 장중하게 장례를 모셨으며, 모든 의례를 어머니 승천태후와 동일하게 하였다. 그는 직접 한덕양의 영구를 실은 수레를 잡고 백보까지 따라갔으며 그를 위하여 상복을 입었다.

그렇지만 백음한산의 한씨 가족 묘 안에서는 한덕양의 무덤을 발견하지 못했다. 그의 마지막 안식처는 어디일까? 기록에 의하면, 한덕양은 파림좌기의 한씨 가족 묘지에 매장된 것이 아니라, 승천태후 소작의 건릉 주변에 안장되었다.

왕미상 관장에 따르면, 잇달아 발견된 한씨의 묘지를 보면 한덕양의 형제 아홉 사람 모두가 왕에 봉작되었고, 조카 30명 중에 왕에 봉작된 사람이 5명이고, 그 나머지는 절도사나 관원으로 임명되었다. 그들은 거란의 발전에 크게 공헌했다.

한씨 가족은 거란국 시대 한족과 소수 민족의 융합, 그리고 초원문화와 중원문화가 서로 수용한 증거이다. 학자들은 한족 지식인이 직접 참여하여 거란 왕조가 비로소 빠르게 일어날 수 있었고, 거란족은 신속하게 씨족사회에서 봉건사회로 이행하여 새로운 시대로 진입할 수 있었다고 생각한다.

2006년, 한씨 묘지는 전국중점문물보호단위로 지정되었고, 2014년에 현대식 철도가 한씨 묘지에서 멀지 않은 곳에 부설되었다. 세월은 흘러 푸른 바다가 뽕 밭이 되어도 한씨 가족 그리고 한덕양과 소작의 옛 일은 세상에 계속하여 전해질 것이다.

6

궁궐에 넘치는 은혜와 원한

6

궁궐에 넘치는 은혜와 원한

봉국사(奉國寺)는 성종이 다스리던 시기 요녕성 의현(義縣)에 세운 절이다. 대웅전의 면적은 1,800㎡로, 현재까지 남아있는 요 나라 시대 불전(佛殿) 중에서 가장 크다.

전문가들은 사람의 마음과 영혼을 요동치게 하는 봉국사가 십중팔구 거란왕조의 황실 사원이었다고 분석한다. 그 이유는 중국이 줄곧 '9'라는 숫자를 숭상한 것과 관련이 있다. 봉국사 대웅전은 아홉 칸으로 지었는데, 이는 황실이 아니고서는 할 수 없는 일이기 때문이다. 대웅전 안에는 황실의 기품을 가진 굳세고 장엄한 일곱 개의 흙으로 빚은 불상이 있는데, 가장 큰 불상은 8.6m에 이른다. 동쪽으로부터 서쪽까지, 순서대로 가섭불(迦葉佛), 구류손불(拘留孫佛), 시기불(尸棄佛),

그림 6-1 봉국사 불상

비파시불(毗婆尸佛), 비사파불(毘舍婆佛), 구나사불(拘那舍佛), 석가모니불(釋迦牟尼佛)이다. 여기에는 어떤 의미가 담겨 있을까?

불교 경전에 따르면, 후세의 석가모니불과 비파시불 등 일곱 부처를 '과거칠불'이라고 부른다.[48] 이에 따라 성종이 일곱 부처를 불상으로 형상화한 것이다. '세속의 왕이 곧 부처'라는 관념에 따르면, 일곱 부처는 각각 태조 야율아보기 등 여섯 명의 선황(先皇)과 당시 재위하고 있던 성종이다. 성종의 어릴 적 이름이 문수노(文殊奴)인데, 이는 불교 신자이며 석가모니라고 자칭한 것이다.

칠불의 서쪽에 위치한 성종의 석가모니불이 상징하는 것은 확실히 다른 불상들과 다르다. 불상은 오른쪽 어깨를 드러낸 가사를 입고 서쪽으로 머리를 돌린 채 시선은 극락세계를 경건하게 향하고 있다. 노신 선생은[49] "일단 귀신이나 부처에게 기도하여 도움을 바라게 되면 지극히 공허한 상태에 이르러서 자기를 오랫동안 마비시킬 수 있다."[50]라고 말했다.

그렇다면, 요 나라의 전성기를 열었던 성종이 왜 불교를 사용하여 자신을 마취시켰을까? 역사 기록을 보면, 성종이 열여섯 살이 되자마자 제1 황후를 책립하였다. 그렇지만 15년 뒤에 이 소씨 성을 가진 황후는 돌연 귀비로 낮추어졌고, 곧 비밀스럽게 죽었다. 이와 동시에 소보살가라는 여인이 귀비로 있다가 황후로 책봉되었다.

"소보살가(蕭菩薩哥)는 평범하지 않은 배경을 가졌습니다. 그녀는 승천태후 소작의 조카딸이며 동시에 한덕양의 외조카입니다. 제1 황후는 궁정에서 권력 싸움의 희생양이 된 것이 분명하다고 추측해 볼 수 있습니다.(왕미상)"

1001년 5월, 19세의 소보살가는 제천황후(齊天皇后)로 책봉되었다. 학자들은 '제천' 두 글자는 평범하지 않은 깊은 뜻을 가지고 있다고 생각한다. 왜냐하면, 거란국의 임금은 무엇보다도 높은 '하늘(天)'이며, 황후는 다만 하늘이 덮어준 '땅(地)'이다. 그러므로 '제천'은 그녀의 지위가 황제와 같다는 것을 나타낸다. 하지만 당시에는 사람들이 감

그림 6-2 봉국사 전경

히 나서서 간언하지 못했다. '제천황후'에게는 뒤에서 말하는 두 개의 심상치 않은 배경이 있었기 때문이다.

제천황후라는 이름처럼, 그녀는 장장 20년 동안 성종을 통하지 않고 각 급의 관원을 교체하였고, 조정의 각종 명령을 하달했다. 그러나 도리어 성종은 이렇게 권력욕 있고, 용모가 아름다운 제천황후를 더욱 총애했다. 그렇지만 옥에도 티가 있어서, 소보살가는 두 아들을 낳았지만 요절하고 말았다.

이때, 소누근(蕭耨斤)이라는 여인이 전설처럼 등장했다.《요사》후비전에 기재된 소누근은 얼굴이 까무잡잡하고 용모가 추하며, 성격 또한 조금도 귀여운 구석이 없었다고 한다.

"소누근이 입궁하여 궁녀가 되었을 때, 어느 날 승천황태후 소작의 상탑(床楊: 평상의 일종)을 청소하다가 우연히 금계 한 마리를 주웠습니다. 갑자기 소태후가 장막으로 들어오자, 깜짝 놀란 그녀는 이 금계를 삼켰습니다. 그러자 생각지도 못하게 피부색이 즉각 눈부시게 아름다운 사람으로 변했습니다. 승천태후가 이를 목격하고 말하기를 '너는 장차 반드시 귀한 아들을 낳을 것이다!'라고 하면서, 바로 성종의 시중을 들도록 했습니다. 소누근은 과연 성종에게서 아들을 낳았고, 그의 이름은 야율종진이었습니다."

학자들은, 소누근이 궁녀의 신분으로 황제의 아들을 낳은 것은 그녀가 이해타산에 뛰어난 여인이라는 것을 말해준다고 했다. 그녀는 먼저 승천태후 소작의 허락을 얻고, 마지막으로 황제에게 접근할 수 있었다. 그러나 다른 학자들은 이것이 승천태후가 정성을 들여 기획한 대리모 출산 계획이라고 생각하였다. 봉건사회에서 황후가 아들이 없으면, 곧 폐위당하는 위험에 직면한다. 황후가 아들을 낳아 기를 수 없다면 지위를 보전하기 위해서 종종 대

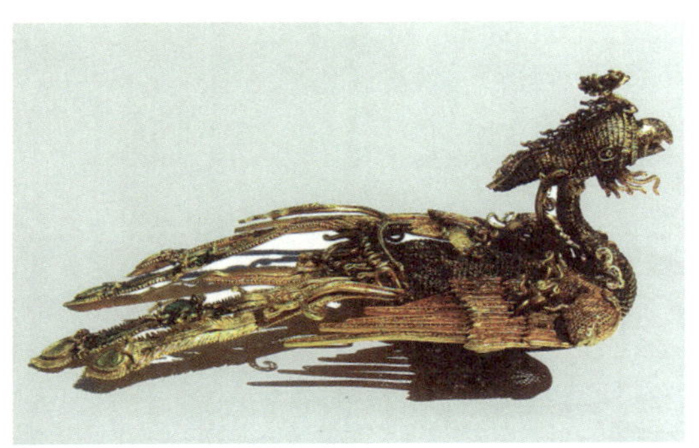

그림 6-3 금과 보석으로 장식된 봉황 모양의 비녀 (파림우기박물관 소장)

리모 출산 방법을 취하고는 했다.

소작은 조카딸인 소보살가가 낳은 두 명의 황자가 잇달아 요절한 뒤, 다시는 출산하지 못하는 것을 보고 대단히 초조해하였다. 그래서 그녀는 연극을 연출한 것이다.

"학자들은 이 연극의 총 책임자가 바로 승천태후 소작이며, 그녀가 소누근에게 일러주어, 그녀가 평상을 청소할 때 아래에 있는 금계를 발견하고 먹도록 했습니다. 이 금계는 소작이 사용한 도구에 불과한데, 소누근과 성종이 동침하여 아이를 낳게 할 구실을 찾기 위한 것이라고 해석합니다."

과연 흥종은 태어나자마자 제천황후가 키웠다. 제천황후 역시 자기가 낳은 것 같이 보살폈고, 어머니로서의 사랑을 모두 쏟아부었다. 3년 후 흥종은 양왕(梁王)에 봉해졌고, 다섯 살에 태자로 책봉되었으니, 법으로 황위 계승자로 봉해진 것이다.

몇 년 뒤, 소누근은 성종에게서 아들 하나와 딸 둘을 잇달아 낳았다. 자식을 빼앗긴 고통 때문에, 그녀는 작은 아들 야율종원에게 모성애를 전부 쏟았다. 어머니는 자식으로 인해 귀해졌다. 4명의 자녀를 출산함에 따라 나날이 총애를 얻은 소누근은 제천황후를 헐뜯기 시작했다.

제천황후는 비파를 잘 연주하였으므로 평소 악공을 불러들였다. 이를 이용하여 소누근은 성종에게 익명으로 편지를 보내 제천황후가 악공과 사통한다고 밀고하였다. 성종은 분명히 소누근이 사람을 시켜서 그 편지를 썼음을 알았지만, 이 일을 파헤치지 않았다. 제천황후에 대한 총애가 여전해 익명의 편지를 시종일관 거들떠보지 않았다. 성종은 황실의 여인들과 관련된 문제를 처리하는 데 있어서, 출산이 불가능한 제천황후를 폐위하거나 궁녀 소누근을 죽이지 않고 중용의 길을 걸었다. 황자 야율종진을 정식으로 제천황후의 양자로 삼았으며, 소누근은 순성원비(順聖元妃)로 책봉하였다.

어떤 사람은 성종의 이러한 해결 방법이 그의 불교 신앙과 밀접한 상관이 있다고 생각한다. 그러나 이는 제천황후를 죽이기 위한 복선을 묻은 것이 되었다. 1031년, 성종은 심각한 병에 걸렸다. 소누근은 이제 때가 되었다고 생각하고, 소보살가에게 표독스럽게 말했다.

"노부인, 이제 네가 총애 받을 일은 없을 것이다!"

성종은 제천황후의 서글픈 종말을 예견했던 것 같다. 임종할 즈음에, 그는 소누근에게 황후를 자비롭게 잘 대접하라고 간청했다. 동시에 흥종에게 생모와 모의하여 양어머니를 죽이면 절대로 안 된다고 당부했다.

1031년 6월 25일, 재위 50년, 61세의 성종은 깊은 근심을 안고 세상을 떠났다. 역사에서 그는 어떤 평가를 받았을까?

1009년 성종이 정치를 시작한 이후, 거란국은 전성기를 맞이했다. 그는 재위 기간에 사방으로 정복 전쟁을 벌여서 거란국의 영토를 가장 넓게 확장했다. 그러나 그는 만년에 불교를 맹목적으로 믿어서, 거란국의 세력이 내리막길로 치닫게 했다.

성종이 죽은 뒤, 겨우 16세의 흥종이 황제의 자리를 이어받았다. 소누근은 즉시 황제 생모의 신분으로 황제를 대신하여 정치에 나섰다. 성종은 일찍이 태자를 황제로 세우고, 제천황후를 책봉하여 황태후로 삼으며, 소누근을 황태비로 삼으라는 유서를 남겼다. 하지만 그가 막 숨을 거두자마자, 소누근은 유서를 하나도 남기지 않고 태워버렸다.

권력을 독점한 소누근은 잠시도 늦추지 않고 칼을 빼들었다. 그녀는 즉시 자신의 집안 노비에게 제천황후의 친 남동생인 북부 재상 소착복(蕭浞卜)과 그 가족이 모반하려 한다고 거짓으로 아뢰게 했다. 그 결과, 북부 재상 소착복은 죽임을 당하고, 제천황후 일가는 타격을 받았으며, 연루된 사람들은 모두 죽임을 당하고 재산을 몰수당했다. 당시 소작과 한덕양이 성종보다 앞서 떠나 의탁할 곳이 없던 제천황후는 다만 소누근이 짓밟는 대로 밟힐 수밖에 없었다.

소누근이 제천황후를 향해서 악랄한 방법을 쓰려고 할 때, 새로운 황제 흥종은 소누근의 면전에서 그의 모친에게 간청하였다. "황후는 선황제를 40년간 모시고, 저를 성인이 될 때까지 정성껏 길러주었습니다. 본래 황태후가 되어야 마땅한데, 합당한 칭호를 얻지 못했을 뿐만 아니라, 도리어 그녀에게 죄를 더하여 위협하니, 어떻게 이렇게 할 수 있습니까?"

흥종은 계속 말했다. "황후가 연로하고 아들이 없으니, 무슨 일을 할 수 있겠습니까? 그녀를 놓아주십시오!"

흥종은 용서해주길 바랐지만 제천황후의 운명이 바뀔 기회는 없었다. 도리어 소누근을 더 시기하게 만들었다. 그녀는 즉시 제천황후를 상경으로 압송하여 감옥에 가두었다.

1032년 봄, 흥종이 상경과 가까운 날발에 가자, 소누근은 흥종이 길러준 은혜를 그리워하여 제천황후를 다시 중경으로 되돌아오게 할까 염려하였다. 그녀는 바로 사람을 보내 제천황후가 자살하도록

그림 6-4 진국공주묘 출토 도금은제 관

협박하였다. 소누근이 보낸 사람이 제천황후의 거처에 이르자, 제천황후는 자기가 죽을 때가 온 것을 알았다. 그녀는 차분하게 "내가 결백하다는 것은 천하의 사람들이 분명히 안다. 나는 목욕하고 옷을 갈아입고 용모를 정리하고 나서 죽을 것이니, 기다려라!"라고 했다. 심부름꾼이 이 말을 듣고 불쌍한 마음이 생겨서 물러났다. 그가 돌아와보니 제천황후는 이미 자살했다. 눈엣가시를 제거한 소누근은 더욱 더 함부로 행동하였다. 성종의 장례 기간을 채우지도 않고 그녀는 흥종으로 하여금 그녀에게 "법천응운인덕장성황태후(法天應運仁德章聖皇太后)"라는 존호를 올리도록 했다.

그녀는 무엇 때문에 흥종에게 '법천태후'라는 존호를 올리라고 독촉하였을까? 법천과 제천을 비교해보면, 법천이 능히 제천을 누를 수 있었기 때문이었을까?

법천태후는 그녀의 동생들을 모두 왕으로 임명했을 뿐만 아니라, 그녀 집의 노예 40명을 모두 관원으로 임명하였다. 불량배들이 관직에 등용되거나 승진이 될 것을 기대하고 소씨네로 몰려들어 노예가 되고자 하였다.

법천태후의 동생인 진국부인(晉國夫人)이 인물이 훌륭했던 호부사 경원길(耿元吉)을 좋아하니, 법천태후는 당장 사람을 보내어 경원길의 처자를 살해하고, 자신의 여동생과 결혼하라고 강요하였다.

법천태후가 4년 동안 섭정하니 형법은 해이해지고, 조정은 문란해져 승천태후와 성종의 봉건화 개혁 조치가 거의 폐기되었다. 역사에는 "이때 거란은 곤궁에 빠졌다."라고 기록되어 있다.

머지않아 압도적인 권력을 장악한 법천태후와 흥종 사이에 충돌이 발생했다. 어느 날, 법천태후는 흥종이 은으로 장식한 허리띠 하나를 악공 맹오가에게 상으로 주었다는 비밀 정보를 받았다. 법천태후는 매우 화를 내며, 악공을 곧바로 잡아오게 해서, 한바탕 잔인하

그림 6-5 진국공주묘에서 출토된 금 허리띠

산서성 응현 목탑(불궁사 석가탑)

응현(應縣) 목탑의 정식이름은 불궁사석가탑(佛宮寺釋迦塔)이다. 산서성(山西省) 삭주시(朔州市) 응현 현성 안 서북쪽 모퉁이의 불궁사 사원 안에 있는데, 불궁사의 주요 건물이다. 요 청녕(淸寧) 2년(1056)에 건축되었으며, 금 명창(明昌)6년(1195)에 중수를 마쳤다. 이 건물은 중국에서 현존하는 가장 오래되면서 가장 크고 높으며, 모두 목재로 구성된 누각식 건축이다. 중국 고건축 가운데 진귀한 보물이며, 세계 목조 건축의 모범이다.

게 채찍질하였다. 흥종이 이것을 알고 크게 화를 내며 호위병을 시켜서 밀고자를 죽였다.

이 사건은 법천태후를 분노케 했다. 그녀는 흥종의 명령을 수행한 호위군을 구금하고 심문하도록 명령을 내렸다. 그 결과 이들은 흥종의 명령을 따른 것이라고 진술했다. 법천태후는 놀랍게도 흥종과 호위군들을 대질하게 했다. 흥종은 분노해서 "나는 귀한 천자인데, 어찌 범인과 대질하라고 하십니까. 설마 아니겠지요?"라고 말했다. 흥종이 자기를 멸시하는 것을 본 법천태후는 제천황후가 그에게 나쁜 것을 가르쳐 주었다고 확신했다. 그래서 바로 조정에서 권력을 잡고 있는 형제들과 상의하여 흥종을 폐출하고 작은 아들 야율중원을 황제로 세우려고 했다.

당시 야율중원은 아직 어린 아이였으며, 아직 황제가 무엇인지도 몰랐다. 그 소식을 들은 후에, 천진난만하게 황제가 오는 방향으로 뛰어가 황제에게 그 비밀을 말했다.

흥종은 더 이상 참을 수 없었다. 1034년 5월, 그는 병사를 움직여 기습하여 법천태후의 일당을 전부 체포했다. 제일 마지막에는 법천태후를 잡아서 경주(慶州)로 압송하여 가두었다.

내몽고자치구 파림좌기에 위치한 경주는 성종의 능과 매우 가까운 거리에 있다. 그러나 사람들은 법천태후가 온 후 불탑이 생겨나리라고는 예상하지 못했다. 어떻게 된 것일까?

당초 정치 무대에서 퇴출당한 법천태후는 경주성에 갇힌 뒤, 고독하게 목욕재계하고 염불을 외기 시작하면서 경건한 불교 신자가 되었다. 무엇 때문에 법천태후는 부처를 믿게 되었을까?

우리는 그녀가 참회하려고 불교를 믿었다고 추측한다. 그녀가 죄명을 뒤집어씌우고 잔인한 방법으로 사람을 죽여서, 깊은 밤 고요해졌을 때 악몽을 꾸었기 때문에, 자신의 죄를 씻고자 경주에 석가불사리탑을 세우려했다.

탑을 세운 명분은 무엇이었을까? 이때, 법천태후는 불교를 깊이 믿던 남편 성종을 생각해냈다. 이에 법천태후는 성종을 기념한다는 명분을 생각해 내어 불탑 건설 승인을 얻었다.

실제로 흥종은 아버지와 마찬가지로 경건한 불교 신자였다. 그는 일찍이 직접 유주 민충사로 가서 승려들에게 식사를 베풀었다.[51] 고승들 가운데에서 대사, 법사로 임명한 사람이 20명에 달했다.

한인신(韓仁信)은 파림우기 박물관의 관장이다. 그는 역사 기록에서 1048년 음력 2월 15일이 석가모니가 세상을 떠난 열반절[52]이며, 이 날 석가불사리탑의 공사가 시작되었음을 발견하였다.

2년 뒤인 1050년 7월 15일, 높이 73.27m의 불탑이 준공되었다. 이 날은 마침 불교의 우란분절[53]이었다. 우란분절은 귀절(鬼節)이라고도

그림 6-6 요 경주성(복원도)

불린다. 소누근은 준공하는 날짜를 이날로 잡았다. 이로써 법천태후가 자신의 잘못을 참회하기 위해서 탑을 건설했다는 우리의 추측이 증명된 것이다. 완성된 석가불사리탑은 8각형의 누각식으로, 벽돌과 나무로 구성되었다. 이 탑은 경주 백탑(白塔)으로 불렸다.

퇴출되기는 했지만 법천태후는 어디까지나 흥종의 친어머니였다. 대신들은 반드시 그녀를 경주에서 모셔와 봉양해야 한다고 흥종을 끊임없이 설득했다. 어떤 대신은 심지어 이러한 예를 들면서 말하기도 했다. "이전에 황제와 황태후의 생신이면 때를 맞추어 송 나라 사절이 중요한 의례를 드리러 옵니다. 지금 제천황후는 이미 돌아가셨고, 또한 법천태후는 갇혀있으니, 지금 송 나라가 사신을 다시 보내

그림 6-7 요 조주 묘지

지 않는다면 우리들은 매우 큰 손해를 입습니다!"

그러나 흥종은 대신들의 의견을 거들떠보지도 않았다. 그는 줄곧 마음속으로 제천태후의 죽음을 자책하였다. 한 번은 흥종이 사냥하러 제천황후의 무덤을 지나다가 무덤 위에 잡초가 무성한 것을 보았다. 양어머니의 따뜻한 정을 생각한 그는 매우 슬퍼하면서 참지 못하고 길에서 울면서"제가 조금만 일찍 손을 썼다면, 당신은 죽지 않았을 텐데."하고 탄식했다. 뒤이어, 그는 사람을 보내 조주(祖州) 능원 안에서 좋은 땅을 골라 제천황후의 무덤을 옮겼다.

그렇지만 1051년, 사정이 바뀌었다. 불교를 믿는 흥종은 《보은경》[54]을 듣고 깨달은 바가 있어서, 곧바로 법천태후를 경주에서 중경성 문 밖으로 옮겨 안치했다. 다만 자신의 거처와 어머니를 10리 정도 떨어지게 하여, 예측하지 못할 일을 막았다.

폐위 음모를 박살낸 흥종은 직접 정치를 시작했다. 그는 가장 먼저 법천태후가 섭정할 했을 때 문란해진 정치를 바로잡았다. 흥종은 대외적으로 송이 서하와 싸우는 틈을 타서 한 밑천을 잡았다.

우리는 이렇게 생각한다. 흥종의 덕행은 좋지 않았다. 그렇지만 그는 주 나라 세종이 수복한 와교관(瓦橋關) 남쪽 10개 현은 원래 후진이 거란에 귀속시킨 영토이므로 송 나라가 반드시 거란국에게 되돌려 주어야 한다고 주장하였다. 송에게 세폐를 올려줄 것을 요구하는 동

그림 6-8 선화 요묘 M1호 전실 동벽 벽화

시에 무력으로 위협했다. 마침내 송은 요에게 전연의 맹약에서 정한 것보다 매년 은과 비단 20만을 추가함으로써 비로소 사태를 종식시켰다. 이 사건은 전연의 맹약 이후 송·요 관계에서 일대 파란이었다. 세폐를 올린 흥종의 시선은 서하를 주시했다. 그는 두 번이나 서하를 정벌했지만 두 번 다 뜻을 이루지는 못했다. 그렇지만 거란국의 세력은 서하에 비해 월등해서, 중희 19년(1050) 서하는 요에게 압박을 받아 칭신하고 공물을 납부했다. 요·송·서하 삼국 정립의 국면은 계속 유지되었다. 이후 흥종은 너무 자만하여 모든 것을 잊어버렸다. 《요사》에는 흥종의 자질이 총명하고, 취미가 광범하다고 기록되었다. 그는 말

타고 활쏘기를 잘하였고, 음악에 통달했으며, 유학을 좋아하고, 시를 읊고 그림 그리는 것을 즐거워했으며, 불교를 추앙했다.

그러나 나쁜 습관도 매우 많았다. 흥종은 술 마시기를 좋아했는데, 특히 옷을 남루하게 입고 민간의 술집에서 취하도록 마시는 것을 좋아했다. 그는 바깥에서 항상 곤드레만드레 취해 있었고, 말은 허튼 소리와 욕설로 가득 차서, 마치 길거리의 무뢰배 같은 모습이었다. 궁중 무용 가운데 산악(散樂)[55]이 있었다. 음악과 춤을 함께 공연하는 것이어서, 주연에서 분위기를 돋우는 데 적합하였다. 어느 날, 흥종과 후비는 배우들과 더불어 분장을 하고 무대에 등장한 다음 신하들에게 관람하도록 했다. 황후의 아버지 소효목은 잘못이라고 여겨서 즉시 한마디 충고했다. 그는 손바닥으로 코와 입에서 피가 흐를 정도로 맞았다.

흥종은 친동생 야율중원이 자신에게 황제 폐위의 음모를 알려준 사실에 감격하여 그를 더욱 총애하여 남경유수, 북원 추밀사 등 중요한 자리에 임명하였다. 동시에 황태제로 봉작하고 금판에 새긴 서약서를 내려주었다.

주연에서 술을 많이 마신 흥종은 술에 취한 상태로 야율중원에게 자신이 천수를 누리고 죽은 후에 황위를 친동생에게 전해주겠다고 약속했다. 그렇지만 이는 필경 술에 취해서 함부로 한 말이었다. 한 문화의 영향을 깊이 받은 흥종은 최종적으로 황위를 장자에게 주겠다고 결정했다.

장자 야율홍기가 여섯 살이 되자, 흥종은 열성을 다해 자신의 후계자로 양성했다. 먼저 양왕(梁王)에 봉하고, 11세에 연왕(燕王)에 봉작했다. 19세에는 북·남추밀원의 일을 맡겼으며, 21세 때는 천하병마대원수에 임명해 조정에 참여하게 했다.

1055년 8월, 24년간 재위한 흥종은 40세에 병으로 세상을 떠났다. 흥종이 중병을 앓던 시기에 장자 야율홍기를 불러 "나라를 다스리도록 명령한다."라고 말했다. 그래서 흥종이 죽은 후 23세의 도종(道宗) 야율홍기는 순조롭게 즉위했다.

소누근은 큰 아들과의 악화된 관계를 회복하지 못했다. 흥종이 세상을 떠난 뒤, 그녀는 생모임에도 불구하고 마음 아파하지 않았다. 흥종의 황후 소달리가 슬픔에 잠겨 울고 있는 것을 본 그녀는, 옆에서 냉정하게 "너는 아직 젊은데, 구태여 이렇게 슬퍼할 필요가 있는가?"라고 말했다.

도종은 야율중원의 중요성을 잘 알았다. 즉위 3일째에 야율중원을 황태숙으로 책봉하였고, 2년 뒤에 천하병마대원수를 제수했다. 거란의 전통적인 법에 따르면, 천하병마대원수로 임명되는 사람은 황위 계승자였다. 이때의 야율중원은 이미 황제 폐위 음모를 친형에게 말하던 어린 소년이 아니었다. 그는 나이를 먹어가면서 황제 자리가 얼마나 대단한 권력을 갖고 있는지 알게 되었다.

어머니 법천태후가 친형의 폐위를 비밀리에 모의했던 그때의 장면이 늘 야율중원의 머리속에서 맴돌았다. 그는 자기가 그때 밀고한 것이 어리석은 일이었다고 후회했다. 비록 야율중원은 황제가 되고 싶었지만, 적어도 사리사욕에 눈이 멀지는 않았다. 만약 그렇지 않다면 그는 흥종이 세상을 떠났을 때 황위를 차지하려고 조카와 자웅을 가렸을 것이다.

그러나 야율중원에게는 음흉하고 권력욕이 아주 강한 아들 열로고가 있었다. 아들이 거듭 현혹하자 야율중원은 황제의 자리를 찬탈할 방법을 생각하기 시작했다. 동시에 어머니 소누근의 지지도 얻었다. 역사 기록에 따르면, 비록 야율중원이 자기를 배신했지만, 소누근은 이를 따지지 않았고, 자유를 회복한 후에 그녀는 여전히 흥종을 폐위하고 야율중원을 황제 자리에 올릴 것을 적극적으로 생각했다. 그녀는 1054년 어두연(魚頭宴)[56] 자리에서, 흥종에게 황제의 자리를 동생에게 넘겨주겠다는 입장을 표명하게끔 압박을 가할 작정이었다. 그녀는 일부러 그 장소에 있던 송 나라 사신 왕공진에게 "송 나라의 태조와 태종은 어떤 관계인가?"하고 물었다. 그러자 사신은 "형제입니다."라고 대답하였다. 소누근은 큰소리로 "좋구나. 어찌 그

그림 6-9 경주백탑

리 의로운가.”라고 말했다. 흥종은 약한 모습을 보이지 않으려고 즉시 송 나라에서 온 사신에게 “송 나라의 태종과 진종은 어떤 관계인가?”라고 물었다. 송 나라 사신은 “아버지와 아들입니다.”라고 대답했다. 흥종은 “좋구나. 어찌 그리 예의 바른가!”라고 큰소리로 말하였다. 1057년 겨울, 오롯이 막내아들 야율중원을 황제로 세우길 원했던 소누근은 끝없는 실망감을 가지고 세상을 떠났다.

세월은 흘러 1989년 8월, 문화유산 전문가는 법천태후가 건설한 경주 백탑의 보수를 진행했다. 그들에게는 의외의 수확이 있었을까? 한인신은 그 달 10일, 백탑 정상부의 천궁을[57] 정리할 때, 작업 인원들이 약 60cm의 정사각형 잣나무 판을 발견했음을 기억하고 있다.

그림 6-10 경주 백탑 천궁 유물

네 개의 잣나무 판은 십(十)자 형태로 정렬되어 있었는데, 탑의 찰주가 나무판 한가운데를 뚫고 있었다. 잣나무 판을 들어 옮기니, 그 자리에 있던 사람들 눈앞에 5개의 밀실이 나타났다.

첫 번째 밀실을 여니 물건으로 가득 차 엉망진창이었다. 문화재 전문가들이 조심스럽게 밀실 안을 정리하니 진귀한 불교 문화유산들이 나왔다. 이것들은 거란 왕조의 어떤 비밀을 밝혀줄까? 이 두루마리는 조판 인쇄된 《대승장엄보왕경육자대명다라니(大乘莊嚴寶王經六字大明陀羅尼)》였다.[58] 이것은 역사에 기록된 적이 없는 특이한 거란국 불경이다.

경문의 말미에 "상경의 승록이며[59] 자색 승복을 하사받은 선연대사

그림 6-12 대승장엄보왕경 육자대명다라니 (파림우기박물관 소장)

온규가 시주했다(上京僧錄宣演大師賜紫沙門蘊珪施)."라는 글자는 한인신을 흥분하게 했다.

"과거에는 요대에 조판 인쇄된 경전 문서를 언급할 때, 사람들은 거란국 남경, 즉 북경의 판본이라고 여겼습니다. 이 특이한 경전의 문자는 당시 거란국 상경에 인쇄업이 있었다는 것을 말해줍니다.(한인신)"

이 책은 《불설마리지천경(佛說摩利支天經)》[60]이다. 길이 5.2cm, 너비 3cm, 두께 1.5cm이다. 경전들 가운데 포켓본 경전이라고 할 수 있다. 백탑의 천궁 안에서는 108개의 크기가 제각각인 잣나무 법사리탑[61] 108개가 발견되었다. 사람들은 정교하고 아름다운 법사리탑에서 과 거칠불을 만났다. 이를 어떻게 설명할 수 있을까? 이는 봉국사 안

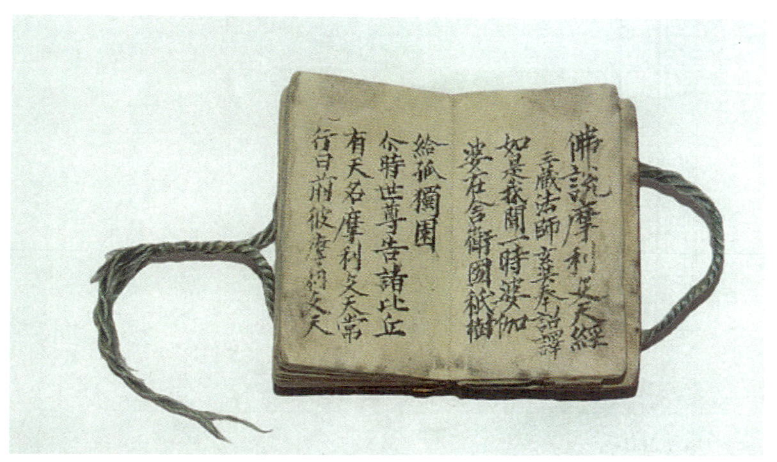

그림 6-13 수진본 불설마리지천경 (파림우기박물관 소장)

의 일곱 부처 가운데 석가모니가 성종의 화신이며, 그 때문에 성종의 제사를 위해 세운 백탑 안에서 이렇게 많은 과거칠불 법사리탑이 발견됐다는 주장이 있다.

수많은 목제 법사리탑 가운데, 높이 42cm의 "봉황이 구슬을 물고 있는 은 도금 소탑(鳳銜珠銀鎦金小塔)"이 있다. 예기치 않게 소탑에는《요대 제후예불도(遼代帝后禮佛圖)》가 새겨져 있다. 예불도에서 불탑문 왼쪽에 남자 주인이 평안하고 경건한 태도로 두 손을 합장하고 있다. 불탑문 오른쪽에는 여자 주인이 머리에 봉황이 장식된 관을 쓰고, 양손에는 연꽃 가지를 들고 있다. 이들 뒤에는 각각 시종이 한 명씩 있다.

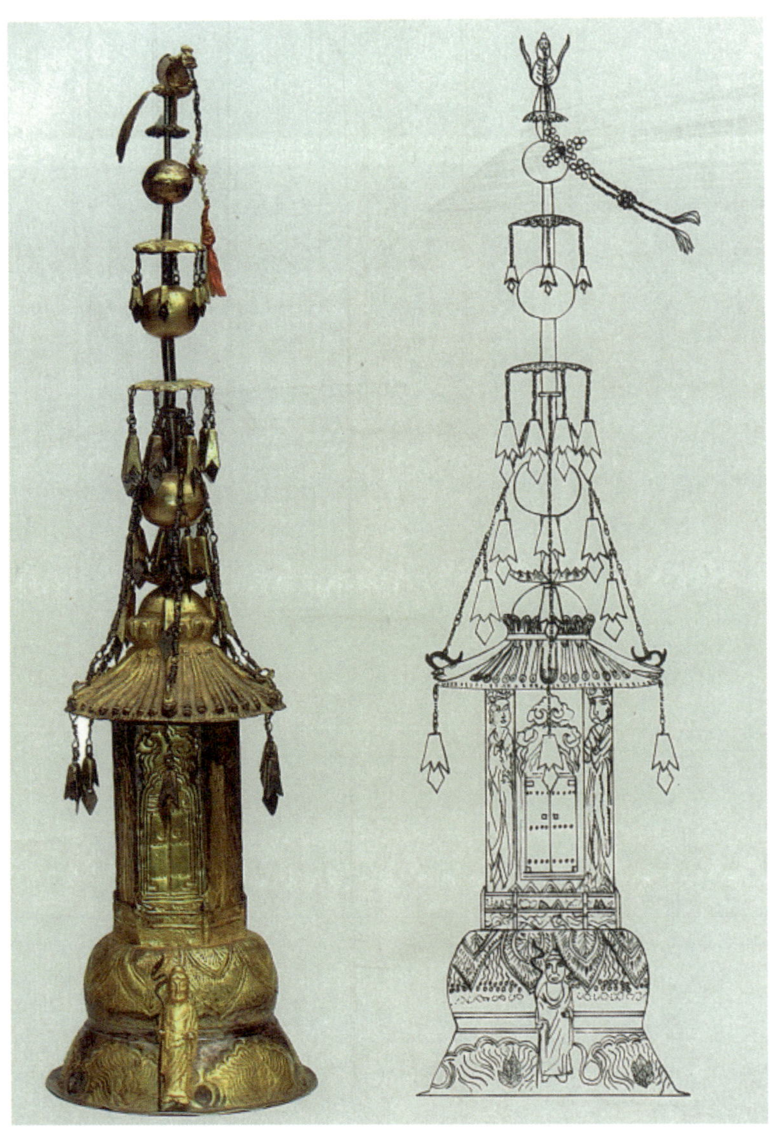

그림 6-14 구슬을 물고 있는 금 도금 은제 봉황(법사리탑 부분, 파림우기 박물관 소장)

그림 6-15 은 도금 소탑 탑신부의 조각과 도면

그림 6-16 구슬을 물고 있는 봉황(법사리탑 부분, 금으로 도금한 은제)

전문가들은 그림 속의 남자 주인이 거란국의 태평성세를 일으킨 성종이라고 생각한다. 그러나 그림의 여주인에 대해서는 다른 견해가 있다. 어떤 사람들은 《제후예불도》안의 여주인이 제천황후라고 생각하지만, 어떤 학자들은 법천태후가 아닌가라고 생각한다. 경주 백탑의 공사를 시작할 때, 제천황후는 이미 법천태후에게 죽임을 당했으며, 동시에 법천태후가 탑을 공양하면서 원수의 형상을 마음에 두었을 리가 없다는 이유에서이다. 현재에도 《제후예불도》의 여주인이 누구인지는 여전히 결론이 나지 않았다.

《제후예불도》의 여주인이 제천황후 소보살가인지, 법천태후 소누근인지와 관계없이, 이 두 여성, 그리고 그들의 관계로 인해 거란 왕조의 국운을 결정지을 황태숙의 난이 머지않아 폭발하게 될 것이다.

7

제국의 지는 해

7

제국의 지는 해

김용(金庸)이[62] 쓴 소설에 바탕을 둔 텔레비전 연속극 『천룡팔부(天龍八部)』 가운데 이런 이야기가 있다. 무예가 뛰어난 소봉(蕭峰)이 생명의 위험을 무릅쓰고 단신으로 반란군 진영에 쳐들어가 반란군 수령인 황태숙의 아들 열로고를 죽이고 황태숙 야율중원을 사로잡았다. 한 차례의 위기가 해소된 뒤, 도종은 소봉이 '황태숙의 난'을 평정한 데 대하여 감사하며 그를 남원대왕으로 책봉하였다. 그러면, 진짜 정황은 어떠했는가?

중국사회과학원 역사연구소 이석후(李錫厚) 연구원은 1963년 북경대학 역사학과를 졸업하고, 오랫동안 요사, 송사, 금사 연구에 힘써왔으며, 『야율아보기전』『임황집(臨潢集)』등을 저술하였다. 그는 사료 속

그림 7-1 드라마 《천룡팔부》의 거란 마차

에서 1061년 황태숙 야율중원의 아들 열로고가 황제 자리를 빼앗기 위해 아버지에게 다음과 같은 계책을 올린 것을 발견했다. 열로고는 아버지로 하여금 꾀병을 부리게 한 다음 도종이 이쪽으로 방문할 때를 기다렸다가 기회를 보아 죽이려는 계획을 세웠다. 그러나 중원은 여러 가지를 고려하여 받아들이지 않았다.

1063년 7월, 도종은 난하(灤河)[63] 가에 있는 태자산으로 사냥을 갔다. 열로고는 기회를 봐서 행궁을 습격하여 도종을 죽이고 황제 자리를 탈취하라고 부친을 부추겼다. 그러나 이 음모는 야율량이라는 사람에게 발각되었다.

야율량은 돈목궁 사(使)로, 황태후의 궁을 관리하는 관원이었다. 그는 이것이 대단히 중요한 일이라고 생각하고, 서둘러 황태후 소달리에게 달려가서 비밀리에 보고하였다. 태후도 이 일을 중시하고, 자기가 갑자기 병에 걸렸다고 핑계를 대고 즉시 도종을 불렀다.

도종이 도착하자 태후는 이 소식을 그에게 알렸다. 도종은 이야기를 듣고 난 뒤, 전혀 믿지 않았다. 그는 심지어 야율량이 그와 황태숙 사이를 이간질하는 것으로 의심하였다. 야율량은 매우 다급해져서 이 일을 확인해보자고 다음과 같이 건의하였다. "즉시 사람을 보내 열로고를 행궁으로 부르십시오. 그가 감히 오지 않으면 모반이 사실임을 알 수 있습니다." 태후도 옆에서 "사직에 관계된 일이니, 소홀히 할 수 없습니다. 서둘러 준비하는 것이 마땅합니다."라고 일깨워주었다. 도종은 그날 밤에 사자를 보내 열로고를 불렀다. 결과는 어땠을까?

이 때 열로고는 마침 아버지 야율중원과 함께 긴박하게 거사를 준비하고 있었다. 황제가 갑자기 사자를 보내 자기를 부르는 것을 보고, 잠시 놀라서 얼이 빠졌다. 그리고는 모반 사실이 이미 폭로되었을 것이라고 의심하고, 곧 사자

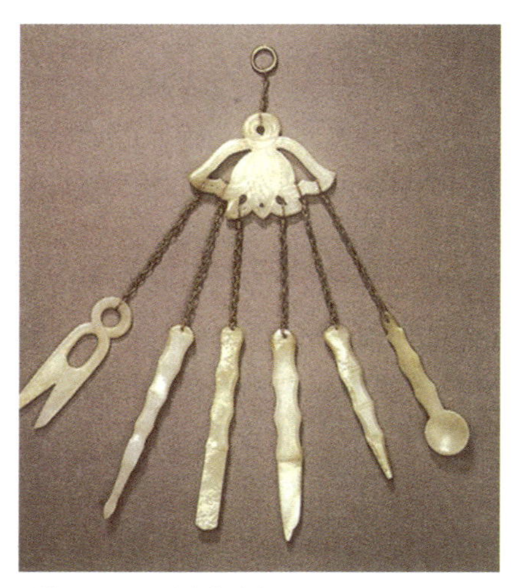

그림 7-2 공구 모양의 옥 장신구

를 억류하였다.

다행히 거란인은 고기를 자르는 데 쓰는 칼을 늘 몸에 지니고 다녔다. 사자는 간수의 경비가 소홀한 틈을 타서 묶은 끈을 자르고 도망쳤다. 도종은 사자의 보고를 들은 후에야 비로소 사태가 엄중하다고 느꼈다. 그는 서둘러 남원 추밀사인 허왕(許王) 야율인선을 불렀고, 그를 보내 황태숙 부자를 체포하게 하였다.

그러나 야율인선이 채 준비를 마치기도 전에 열로고가 벌써 반란군 400명을 이끌고 행궁에 도착하였다. 실제로 살기등등한 반군을 마주한 도종에게는 텔레비전 연속극에서 보여준 위풍당당하고 침착한 모습은 없었다.

위기에 직면한 도종은 한때 정신이 없었다. 그는 부근에 있는 남북 양원의 대왕이 주둔한 곳으로 도망하여 반란을 피하려고 생각했다. 그러자 야율인선이 막아서며 "만약 이런 때 황제께서 따르는 신하를 버리면, 반란분자들이 반드시 그 뒤를 따르리니, 이렇게 되면 행궁이 그들의 손아귀에 떨어질 가능성이 매우 높습니다. 하물며 남북 양원이 반란에 참여하였는지 여부도 아직 알지 못합니다. 그런데도 성급하게 험난한 곳을 향해 가시겠습니까?" 라고 만류하였다.

긴박한 상황에서 야율인선과 야율을신 등은 수레를 빙 둘러 세워 방어 진영을 만들고, 사람과 말의 통행을 막기 위해 설치해둔 시설물을 해체하여 무기를 만들었다. 그리고 있는 힘을 다해 저항했다. 전투는 매우 격렬했다. 혼전 중에 도종과 그가 탄 말이 부상당했다. 반란군의 두목 열로고는 화살에 맞아 죽었고, 부상을 당한 황태숙 야율중원은 이 모습을 보고 부득이 철수하였다.

둘째 날 새벽, 야율중원은 또 해족(奚族)의[64] 수렵호 3천 명을 협박하여 다시 행궁을 침범하였다. 북원 선위사 소한가노가 적진에 나아가 해인들에게 "너희들이 반역자를 따르면 너희 족속은 헛되이 다 죽을 것이고 만약 잘못을 뉘우치면 전화위복이 될 것이다."라고 하였다. 해인들이 이 말을 듣고 두려워서 잇달아 무기를 버리고 투항하였다. 야율인선은 여세를 몰아 반란군을 추격하여 그들을 죽였다. 야율중원은 도망갈 곳이 없어 부득이 자살하였다. 죽기 전에 그는 "열로고가 나를 이 지경으로 몰아넣었구나!" 라고 슬피 탄식하였다. 황태숙의 반란은 거란 왕조 황족 내부에서 벌어진 가장 격렬한 황위 다툼이었다.

반란을 평정한 후 도종은 반란 평정에서 공을 세운 야율인선과 야율을신에게 더욱 의지하였고, 그 두 사람이 북원 추밀사를 함께 맡아 거란 왕조의 군사권을 장악하게 하였다. 그러나 을신은 야심이 큰 사람이었다. 얼마 지나지 않아 정직한 야율인선을 조정에서 밀어내고, 그와 그의 패거리가 조정을 움직이게 되었다.

도종은 오히려 을신을 더욱 총애하였으며, 특별히 그가 사방의 군사에 관한 일을 임의로 처리할 수 있게 허락하였다. 이로부터 을신은 권력을 독차지하게 되었으며, 그의 집 문 앞에는 뇌물이 끊이지 않았다. 순종하는 사람은 중용하였고, 정직한 사람은 쫓아냈다. 얼마 지나지 않아 그는 황후 소관음(蕭觀音)을 사지에 몰아넣기로 결정하였다. 소관음은 자태가 아름답고 매우 총명한 여인이었다. 시가에 뛰어났고, 음악을 좋아했으며, 비파 연주는 당시 제일이라는 평가를 받았다. 1056년 8월, 도종이 사냥할 때 열일곱 살 된 소관음은 시 한 수를 지었다.

위풍은 만리나 뻗쳐 남쪽 나라를 제압하고　　威風萬里壓南邦
동으로는 압록강을 뒤집을 수 있네　　東去能翻鴨綠江
세상 요괴 모두 놀라 간담이 서늘하니　　靈怪大千俱破膽
어느 맹호인들 투항하지 않으랴　　哪教猛虎不投降

문학에 자못 조예가 깊었던 도종은 이 시를 찬양하며 "황후는 재능이 출중한 여자"라 하였다. 그러면 야율을신은 왜 저 여류 시인을 해치려고 하였는가?

1075년, 나이는 어리지만 전도가 유망한 황태자 야율준(耶律浚)이 남북 추밀원의 일을 아울러 관장하게 되면서, 을신이 권력을 독점하

는 데 최대의 장애가 되었다. 그래서 을신은 야율준을 제거하려 하
였고, 우회 전술을 택하여 태자의 어머니 소관음부터 손을 대기 시
작한 것이다.

야율을신은 악독한 계략을 꺼내들었다. 그는 사람을 시켜 「십향사(十香
詞)」를[65] 짓게 하고, 궁녀를 시켜 소관음에게 보냈다. 「십향사」에는 머리
카락 향기, 볼 향, 아름
다운 손 향 등 10개의
향에 관한 서술이 들어
있는데, 여자가 남자를
그리워하는 마음을 묘
사한 것이었다. 은근히

그림 7-3 요나라의 차 마시는 모습(선화요묘)

남녀 관계를 드러내는 용어를 사용한 것이어서, 고상한 작품이라고 하기는 어려웠다. 그런데 이 때 소관음은 도종에게 간언을 올린 것 때문에 냉대를 받고 있었다. 깊은 궁궐에서 고적하였던 그녀는「십향사」를 보고는 바로 좋아하게 되어 손에서 놓지 않았다.

일찍이 야율을신에게 매수당한 궁녀는「십향사」가 송나라 황후가 지은 것이며, 만약 거란국 황후가 이 사를 베낀 다음 두 절을 더 지을 수 있으면 이름이 역사에 길이 남을 거라고 거짓말을 하였다. 소관음은 속임수인지 모르고 흔쾌히 붓을 들고 사를 썼다. 이렇게 하여 많은 선량한 사람들이 분노하고 애통해 하는 억울한 사건이 만들어졌다. 야율을신 무리에 속한 사람이 황후가 베껴 쓴「십향사」를 받아서 마치 진귀한 보물을 얻은 것처럼 즉시 도종에게 가서 몰래 보고하였다. "황후가 차마 입에 담지 못할「십향사」를 썼을 뿐 아니라 조유일이라는 음악하는 관원과 사통하였습니다." 무척 화가 난 도종은 황후에게 사약을 내려 죽이라고 하였다. 황태자가 어머니를 대신해 죽겠다고 울면서 애원하였으나, 도종은 허락하지 않았다.

어쩔 수 없게 된 소관음은 죽기 전에 다음과 같은「절명사」를 지은 뒤에, 하얀 명주로 목을 매어 자진하였다. 그녀의 나이 서른 여섯이었다.

어찌하여 화를 당했는가? 징조도 없었네.   豈禍生兮無朕

더러운 오명을 뒤집어썼네 궁궐에서   蒙穢惡兮宮闈

아이들 돌아보니 슬퍼 마음 아프고   顧子女兮哀頓

주변 사람들 마주하니 상심하여 괴롭기만 하네   對左右兮摧傷

천지를 불러보지만 가슴 아파 생기를 잃네   呼天地兮慘悴

고금을 원망한들 어찌 다할 수 있으랴   恨今古兮安極

내가 태어났으니 반드시 죽으리라는 것을 안다   知吾生兮必死

어찌 이 순간을 두려워하겠는가?   又焉愛兮旦夕[66]

소관음이 죽자 태자는 비통하여 죽고 싶었다. 그는 장래에 어머니의 원수를 갚겠다고 맹서했다. 그러나 도축용 칼이 재빨리 태자의 머리 위에 떨어졌다. 소관음이 죽임을 당한 뒤 얼마 지나지 않아 을신은 패거리를 시켜 태자가 자립을 도모한다고 모함하게 하였다. 도종은 틀림없는 사실이라고 믿고, 열아홉 살 된 태자를 폐위하여 서인으로 만들고, 상경으로 압송하여 감옥에 가두었다. 을신은 즉시 심복을 보내 태자를 죽이고는 병으로 죽었다고 거짓말을 하였다. 얼마 후 을신은 태자비도 죽였다.

황태숙의 반란을 경험한 도종은 집안싸움으로 '활소리만 들어도 깜짝 놀라는 새'처럼 되었다. 그는 황제 자리를 차지하려고 모의하는 사람이 있을까 언제나 근심하였고, 특별히 가까운 친족을 더욱 의심하였다. 야율을신은 그러한 도종의 병적인 심리 상태를 이용하여 황후와 황태자를 제거한 것이다.

뿌리까지 완전히 없애려고 결심한 야율을신은 이어서 야율연희에게 독수를 뻗쳤다. 연희는 태자 야율준의 아들로, 부친이 살해당할 때 겨우 세 살이었다. 1079년 3월, 도종은 야율연희를 날발에 데리고 가려 하였는데, 흉계를 품은 야율을신은 자기가 돌보겠으니 황손을 남겨두고 가라고 건의하였다. 도종은 동의하려고 하였는데, 북원 선휘사 소올납이 황손을 잘 호위하여 만일의 사태에 대비하라고 요청하였다. 도종은 그제야 깨닫고 황손을 데리고 갔다. 그와 동시에 을신을 의심하기 시작했다. 이후 도종은 더 이상 을신을 신임하지 않았다. 1081년, 14년 동안 정권을 마음대로 한 야율을신이 마침내 사형을 당했다. 을신이 정권을 독점하던 기간에 황후와 황태자만 원통하게 모함당하였던 것은 아니다. 탐욕이 널리 퍼져 뇌물을 공공연히 주고받았으며, 중상모략이 일어나고 간사한 무리들이 관직에 나아가서, 거란 왕조의 멸망을 재촉하였다. 이런 현상 전체에 대하여 도종은 책임을 면하기 어렵다.

사실상 도종은 세상을 잘 다스린 군주는 아니었다. 그는 정사를 싫어하였다. 관원을 임용하면서 누구를 임명할지 결정하지 못하였을

때에는, 관직을 구하
는 사람들로 하여금
주사위를 던지게 하
여 이긴 사람에게 관
직을 주었다. 야율엄
이라는 사람이 주사
위를 던져 당첨되니,

도종이 저 사람이 "재상에 오를 징조다." 라고 하고는 즉시 그를 참
지정사에서 지추밀원사로 승진시키기도 하였다.

도종이 통치하는 동안 민중 봉기와 부족의 반란이 자주 일어났다.
그러나 도종은 정치에 힘쓰지 않고 불교에 깊이 빠져서 지냈다. 역
사책에는 그가 "불교를 좋아하여 불교 교리를 강의할 수 있었"으며,
"일 년에 승려 36만 명에게 밥을 먹이고, 하루에 3천 명이 축발하였
다."고 기록되어 있다. 축발은 불문에 들어가는 사람이 머리를 깎는
것인데, 하루에 축발하였다는 3천 명이라는 숫자는 당시 거란국에
서 얼마나 큰 비율을 차지하는 것이었을까? 어떤 사람의 통계에 의
하면, 당시 5경의 전체 인구는 겨우 5백만이었다. 그런데 도종 때
승려는 수십만에 이르렀고, 사원은 거란 각지에 두루 널려 있었다.
1077년, 북송 문학가 소송(蘇頌)은 거란국에 사신으로 가서 불교의 번

영을 다음과 같이 묘사하였다.

탑이 어찌 산기슭에 있나	塔廟奚山麓
작은 마차에 올라 짝이 되어 함께 올랐네	乘軺偶共登
푸른 소나무 절하는 듯 하고	靑松如拱揖
건물은 하늘 향해 날아오르려 하네	棟宇欲騫騰
세속의 예절 많이 부처를 따르고	俗禮多依佛
거처하는 사람 또한 귀한 승려라네	居人亦貴僧
마음껏 살펴본 것 하염없으나	縱觀無限意
다 기술할 수 없어 한스럽네	記述恨無能[67]

생산력 수준이 아주 낮은 당시의 형편에서 많은 노동력이 사회 생산에서 이탈하였으므로, 백성들은 헛되이 이런 무리를 먹여 살려야 했다. 이것이 거란국 후기 백성과 조정 사이의 모순을 날로 첨예하게 만들었다.

지나친 불교 숭상은 용맹하고 싸움을 잘 하는 거란 민족의 정기를 잃어버리게 하여, 대요 제국의 흥망성쇠에 직접 영향을 주었다.

전연의 맹약 이후로 오랫동안 평화가 유지되면서 거란국의 경제는 일정하게 발전하였다. 도종 즉위 초 국고는 적지 않게 여유가 있었다. 게다가 송에서 거액의 세폐를 받았으므로, 거란국은 재부를 많이 축적하였다. 이러한 재부로 통치자는 사치스럽게 생활하였지만, 보통 백성에게는 아무런 도움이 되지 못하였다.

거란 통치자는 농업생산을 비교적 중요하게 여겼고, 세금도 크게 무겁게 부과하지 않았다. 그러나 백성의 형편은 도리어 좋아지지 않았다. 부역이 농민 부담의 전부가 아니었고, 부역 이외에 교묘한 명목으로 제멋대로 세금을 거두었기 때문이다. 백성은 무거운 부담을 감당할 수 없어서, 원망하는 소리가 길에 가득했다.

1101년, 도종이 재위 46년만에 세상을 떠났다. 그가 죽은 후 야율연희가 즉위하였으니, 그가 천조제다. 천조제는 즉위 후 가장 먼저 할

머니 소관음과 부모의 억울한 누명을 벗겨주는 일에 착수하였고, 그
다음에 야율을신이 박해한 조정 신하들의 명예를 회복시켜주었다.
그 다음에 야율을신 집단의 핵심 분자들을 엄격히 처벌하였다. 살
아 있는 사람은 사형에 처하고, 죽은 자는 부관참시하였으며, 후손
들도 연좌시켜 처벌하였다.
천조제가 계승할 때 거란국은 이미 썩어문드러져 수습하기 어려운

그림 7-5 해동청

그림 7-6 거위를 잡는 해동청을 조각한 옥 장식품

그림 7-7 해동청 모양의 금 귀걸이

그림 7-8 기러기를 쪼는 해동청을 조각한 옥 장식

국면이었다. 외부로부터의 공격은 없었으나, 대요제국은 이미 흔들흔들하여 추락하는 상태를 지나 매우 위급한 상황이었다. 유감스럽게도 천조제는 할머니나 부모가 받은 피해로부터 경험과 교훈을 얻지 못한 채 할아버지의 황제 자리를 계승하

그림 7-9 남성 어깨에 앉아있는 해동청

였다. 그는 간사한 신하를 총애하고 믿었으며, 맹목적으로 사냥을 즐겼고, 정치를 부지런히 하지 않았다. 마침내 해동청이라고 하는 매가 거란국 강산을 파괴하는 도화선이 되었다.

문화재 업무에 수십 년을 종사한 등국전(鄧國田)은 요 나라 시대의 벽화에서 여러 차례 해동청을 보았다. 그래서 그는 이러한 새에 대한 연구를 진행했다.

"해동청은 야생 매의 일종입니다. 매는 철새이며, 매년 늦가을에서 초겨울에 이런 종류의 매가 넓고 큰 바다의 동쪽에서 날아와 중국 동북지구의 산림 속에서 겨울을 납니다. 이 때문에 해동청이라는 이름을 얻었습니다."(등국전)

해동청은 몸은 작지만 강건하여 높은 하늘에서 커다란 고니와 맞붙어 싸울 수 있는 매우 사나운 새이다. 사냥할 때 훌륭한 조수가 되었

으므로, 해동청은 거란의 제왕과 귀족의 사랑을 받았다.

 그 때 여진은 거란국의 통치를 받고 있었는데, 요 나라가 정부에 귀속시켜 직접 관할한 '숙여진'과 서류상으로만 편입시키고 각 부락 추장들에게 맡겨서 관리한 '생여진'으로 크게 나뉘어져 있었다. 거란국 중·후기에 완안부가 대표적인 여진족으로 점차 성장하였으며, 세력이 날로 강대해졌다.

여진족이 가장 감당할 수 없었던 것은 은패를 착용한 사자들이 올 때마다 아름다운 여자를 잠자리에 들도록 한 것이었다. 은패를 착용한 사자들은 수청 드는 미녀가 처녀인지 기혼녀인지 묻지 않았고, 그 집안의 지위가 높은지 낮은지도 따지지 않았다. 이러한 거란 사자의 행위는 여진인의 강렬한 반감과 분노를 불러일으켰다.

대요제국의 운명은 장차 해동청으로 인해 바뀌게 되었다. 1112년 어느 봄날, 천조제가 길림성 압자하박(鴨子河泊) 날발에 있을 때 큰 물고기를 한 마리 낚았다. 흥미진진해진 그는 관례에 따라 두어연을 거행했다. 술잔이 세 번 돌았을 때, 천조제는 앞서 알현한 각 부락 수령들에게 가무로 분위기를 돋우라고 명령했다. 여진 수령 완안아골타는 자기 차례가 되자, 단정하게 일어서서 똑바로 쳐다보며 할 수 없다고 사양하였다. 이런 행동 때문에 천조제의 체면은 상당히 구겨졌으며, 두어연은 기분 나쁘게 끝났다.

"연회가 끝난 뒤 천조제는 곧 북원 추밀사 소봉선(蕭奉先)을 불렀습니다. 소봉선은 밖으로는 관대하였지만 속으로는 우유부단해서 일을 성공시키기에는 부족하고 일을 망치기에는 충분한 인물이었습니다. 그러나 그는 유달리 천조제의 총애를 받았습니다."

천조제는 화를 내며 "아골타가 저렇게 제멋대로 날뛰게 두는 것은 사람들이 법을 어겨도 그대로 봐주는 것이다. 아예 꼬투리를 잡아서 그를 죽여 후환을 없애라."고 하였다. 그러나 소봉선은 "아골타는 상스러운 사람이어서 예절을 알지 못하니, 그와 다툴만한 가치가 없습니다. 설사 그가 진짜로 야심을 가졌다 하더라도, 일개 작은 여진 부락이 무엇을 할 수 있겠습니까?"라고 천조제를 설득하였다.

그림 7-10 금나라 군대의 남하

이 이야기를 들은 천조제는 잠시 너그러워져 아골타를 놓아주었다. 소봉선은 나라를 그르친 신하이다. 그는 아골타가 바로 백년이나 된 거란 왕국을 무너뜨릴 사람임을 알아채지 못하였다. 만약 그 때 아골타를 제거했더라면, 역사는 다시 쓰여져야 할 것이다.

2년 후, 풀려나서 산으로 돌아온 호랑이 아골타는 과감하게 은패를 착용한 사신을 죽이고 요 나라에 반항하는 깃발을 들었다. 그는 2천 5백 명의 군사를 이끌고 첫 전투에서 승리하여, 요 나라가 통치하던 여진의 전초기지 영강주(寧江州)를 함락했다.

"아골타는 거란국 태조 야율아보기와 비슷한 인물로, 어려서부터 말타기와 활쏘기를 무척 좋아하였습니다. 남달리 힘이 세고 사람 됨됨이가 활달하고 도량이 넓었으며, 조직력과 남을 이끄는 능력이 매우 뛰어났습니다. 스물 세 살 때 싸움터에 나가 대군을 지휘하기 시작하면서, 이미 탁월한 정치 군사적 재능을 보여주었습니다."

이후 아골타는 승승장구하며 전과를 올렸고, 마침내 1115년 정월 초 황제를 칭하며 금나라를 세웠다.

 아골타는 왜 나라 이름을 금(金)이라고 정했을까? 거란은 단철(鍛鐵)이라는 뜻인데, 단철은 비록 단단하지만 끝내 부식하는 때가 온다. 완안부는 흰색을 숭상하였는데, 흰색의 쇠는 영원토록 녹이 슬지 않

아골타 동상

완안아골타는 여진족 추장이며, 금 나라를 세운 사람이다. 12세기 초 부족을 통일하고 거란국을 멸망시켰다. 재위 기간 중에 제도를 정비하고 형법과 문자를 제정하고 황제권을 강화하여, 여진의 정치와 경제, 문화를 크게 발전시켰다.

아 거란을 이길 수 있다고 여겼기 때문이다.

1115년 9월, 금 나라 군대는 황룡부(黃龍府)를 공격하여 점령했다. 길림에 위치한 황룡부는 경제 중심지의 하나였고, 방비가 삼엄하여 마치 철옹성 같았다. 그 곳에서 멀지 않은 곳에 거란인의 젖줄, 황하가[70] 있다.

"아골타가 군대를 일으켜 요 나라에 반항하였지만, 현실을 제대로 파악하지 못한 천조제는 대수롭지 않게 여기고 그대로 사냥을 즐겼습니다. 그러나 황룡부의 함락은 마침내 천조제를 경악하게 만들었습니다. 그는 그제서야 겨우 사냥을 그만두었습니다. 그리고 황급히 70만 대군을 조직하여 친히 정벌에 나섰습니다. 그의 병력이 35대 1로 우세하였으므로, 겨우 2만의 군대를 가진 아골타를 한 번에 섬멸하려고 하였습니다."

역사적인 결전을 시작하려는 즈음, 거란국에서는 또 다시 내분이 발생했다.

감군 야율장노(耶律章奴)와 그의 무리가 3백 여 명을 이끌고 전선에서 상경으로 돌아가 야율순(耶律淳)을 새 황제로 세우려고 하였다. 천조 제는 여진을 토벌할 겨를이 없이 황급히 서쪽으로 돌아가 반란을 평 정하였다. 이 반란은 빨리 평정되었지만, 아골타에게 세력을 확대 할 수 있는 기회를 주었다.

1115년 12월, 아골타는 기회를 잡아 적은 병력으로 요 나라의 대군을 이겼다. 20년 동안 북방의 패자로 불린, 오만하고 잘난 척하던 대요 제국은 이로부터 다시는 일어나지 못하게 되었다.

그림 7-11 금과 송의 해상맹약

그 후 금 나라는 송과 '해상맹약'을 체결하였다. 왜 송은 여진과 '해상맹약'을 맺었을까? 당시 송의 황제는 휘종 조길(趙佶)이었는데, 공 세우기를 좋아한 휘종은 선조들이 그렇게 차지하려고 꿈꿔왔던 연주와 운주 등 16주를 자기가 회수하면 역사에 남을 위대한 업적을 세울 수 있다고 생각했다. 그래서 그는 등주에서 바다를 건너 금 나라로 사신을 파견하여 해상의 맹약을 체결하였다.

아주 짧은 기간에 금 나라 군대는 마른 풀과 썩은 나무를 꺾는 기세로 동경 요양부에 속한 땅 대부분을 점령하였다. 1120년 4월, 여진의 대군이 세 방향에서 상경을 맹렬히 공격하기 시작하자, 상경 유수는 투항하였다. 요 나라 수도가 함락된 것이다. 역사학자는 "금 나라 군대가 상경을 함락하여 요 나라 통치의 중심지를 점령한 것은 여진이 거란국과의 투쟁에서 이미 결정적으로 승리하였음을 말해주는 상징적 의의가 있다."고 평가한다.

금 나라 군대가 승승장구하며 진군하여 대 거란국의 운명은 계란을 쌓아놓은 것처럼 위험하였지만, 천조제는 그의 할아버지 도종과 마찬가지로 부인과 아들을 죽이는 참극을 또 빚었다.

문비 소슬슬(蕭瑟瑟)은[71] 매우 아름다웠고 재주도 많았다. 그녀는 여진의 강력한 군대가 국경을 압박하여 나라가 위태로워지는 것을 보고, 다음과 같은 시를 지어 천조제에게 간언하였다.

국경이 말발굽 먼지로 뒤덮이더라도 탄식하지 마십시오.

勿嗟塞上兮暗紅塵

여러차례 난리로 오랑캐가 두려울지라도 상심하지 마십시오.

勿傷多難兮畏夷人

어진 신하를 뽑아 쓰는 것이 간사한 자들의 길을 막는 것보다 낫습니다. 不如塞奸邪之路兮選取賢臣

모름지기 와신상담하시고 장사들이 목숨 바치도록 격려하시면

直須臥薪嘗膽兮 激壯士之捐身

아침에는 사막 북쪽을 평정하시고 저녁에는 연주와 운주에서 베개를 베실 것입니다. 可以朝淸漠北兮夕枕燕云[72]

그 비장함이 할머니 소관음과 비슷하였는데, 소슬슬도 우매하고 무능한 남자를 만났다. 천조제는 풍유하는 시를 보고 터럭만큼도 뉘우치지 않았을 뿐 아니라 오히려 소슬슬을 시기하고 미워하게 되었다. 이제 문비가 희망을 걸 곳은 아들 진왕(晉王) 밖에 없었다.

"천조제는 아들 여섯을 두었습니다. 진왕(晉王) 오로알(敖盧斡)은 사람을 관대하고 후하게 대하였으며 무예 수준도 높아서 여러 왕자들 가운데서 가장 뛰어났고 인심을 많이 얻었습니다. 사람들은 거란을 진흥시킬 희망을 진왕에게 걸었고, 천조제가 퇴위한 후에 진왕이 황제가 되기를 바랐습니다."

소봉선의 누이 원비도 아들 하나를 낳아 진왕(秦王)으로 책봉되었다.
소봉선은 자기 조카를 다음 황제 자리에 앉히려고 생각했다. 그리하
여 진왕(晉王)을 제거하려는 음모를 꾸몄다.

야율을신이 사용한 방법과 마찬가지로 소봉선도 진왕의 어머니부터
손을 대기 시작했다.

문비 여동생의 남편 야율여도(耶律余睹)는 명성과 인망이 높은 대신이
었다.[73] 소봉선은 사람을 시켜 문비가 야율여도와 결탁하여 진왕을
황제로 세우고 천조제를 태상황으로 만들려고 한다고 모함하였다.
천조제는 이 것을 사실로 믿고 즉시 문비에게 자살하도록 강요하니,
한 세대의 재능 있는 여자 소슬슬은 원한을 품고 죽었다.

거란국 남군을 통솔하고 있던 야율여도는 이 소식을 들은 후 자기도
살해당할지 모른다고 우려하여 즉시 부하와 가족을 데리고 금 나라
로 달아났다. 이후 소봉선의 사주를 받은 천조제는 진왕도 사약을

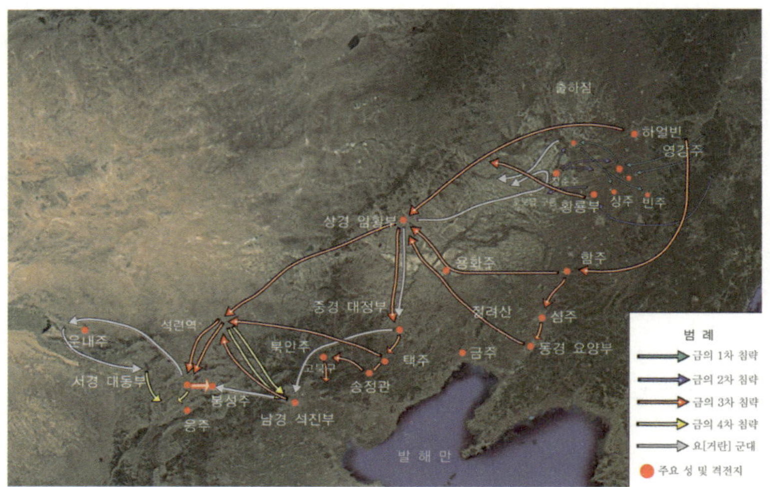

그림 7-12 금의 거란 침략

내려 죽였다. 진왕 오로간이 죽자 조정의 신하들은 몹시 비통해하며 눈물을 흘렸다. 거란 사람들의 마음은 산산이 흩어졌고, 군대에는 천조제를 위해 목숨을 바치려는 군인이 없어졌다.

1125년 정월, 몹시 당황하고 불안해하던 천조제는 금 나라 군대에 포로가 되었다. 포로가 된 야율연희는 54세에 병으로 죽었고, 의무 여산(醫巫閭山)에 묻혔다. 『대송선화유사』에는74 1156년 금 나라 황제 완안량명(完顔亮命)이 57세의 송 나라 흠종과 81세의 천조제에게 비새 마구(比賽馬球)로 가라고 명령하였는데, 흠종은 말에서 떨어진 뒤 말에 밟혀 죽었다고 기록하였다. 야율연희는 말을 잘 탔으므로 겹겹으로 둘러싼 포위망을 뚫고 도망치려다가 끝내 어지럽게 날아오는 화살에 맞아 죽었다.

야율아보기가 916년에 창건하여 중국 북방에 웅거한 거대한 제국은 209년의 세월이 흐른 뒤 어쩔 수 없이 역사의 무대에서 사라졌다. 사람들이 이해하기 어려운 것은, 거란 민족이 규모가 크고 기세가 드높은 중국 역사에 영광과 꿈, 성공과 여한을 차례로 남긴 후 돌연히 사라져 종적이 묘연해진 점이다. 오늘날 중국의 56개 민족 가운데 거란족이 없는 점은 확실히 이해하기 어렵다. 그것을 어떻게 설명할 수 있을까? 전해 오는 이야기 가운데는 거란국이 멸망한 후 소수의 거란인들이 오늘날의 적봉 일대에서부터 호륜패이(呼倫貝尒)[75] 지구로 도망쳐서 오늘날의 달알이족(達斡尒族)의[76] 조상이 되었다고 하는

그림 7-13 운남성 보산시전현의 거란 시조보

것이 있다. 몇몇 학자들의 연구에 의하면, 몽고 군대에 가담했던 일부 거란인은 오늘날의 운남에 뿌리를 내리고 살았다.

그렇지만 현재 운남 사람들의 다수는 한족이고 소수의 태족(傣族)과[77] 이족(彝族),[78] 포랑족(布朗族)이[79] 살고 있으니, 모두 그 지역 사람들과 동화된 것이다. 그러므로 거란의 백만 인구는 이미 중국의 여러 민족 속에 융합되어 남아 있는 것이지, 사라진 것이 아니다. 그렇다. 거란인은 사라지지 않았다. 그들은 세상에 깊은 흔적을 남겨놓았다. 전해오는 말에 따르면, 위대한 항해가 콜럼버스가 바다를 항해한 것은 오랫동안 흠모해오던 거란을 찾기 위해서였는데, 일이 잘못되어 우연히 신대륙을 발견한 것이다.

크리스토퍼 콜럼버스

이탈리아 항해가이다. 이탈리아 제노바에서 태어났고, 스페인 바야돌리드에서 죽었다. 평생 항해 활동에 종사하였다. 잇따라 포르투갈과 스페인으로 이주하였다. 지구가 둥글다는 학설을 믿어서, 유럽에서 서쪽으로 항해하면 동방의 인도에 도착할 수 있다고 생각했다.

스페인 국왕의 지원을 받아 네 차례 멀리 항해하였다. 대서양을 건너 아메리카 대륙에 이르는 항로를 열었다. 잇따라 바하마군도, 쿠바, 아이티, 도미니카, 트리니다드 등의 섬에 도달하였다. 파리아만[80]남쪽 해안에서 처음으로 아메리카 대륙에 상륙했다. 중앙아메리카의 온두라스에서 다리엔만[81]에 이르는 2천 여 킬로미터의 해안선을 조사하였고, 파나마지협을 파악하였으며, 대서양의 낮은 위도에서는 동풍이, 비교적 높은 위도에서는 서풍이 부는 풍향의 변화를 발견하고 이용하였다. 지구가 둥글다는 학설이 정확함을 증명하였다.

13세기에 살았던 유럽인과 아라비아인들은 중국을 키탄(Qitan)이라고[82] 불렀다. 지금도 러시아와 라틴 문자에서는 키탄을 중국이나 중국인의 통칭으로 사용한다.

유구한 역사를 뒤돌아보면서, 이미 사라져버린 이 초원 민족을 어떻게 취급해야 하는가? 요 나라는 거란족이 세운 중요한 왕조로서, 중국의 통일적 다민족국가 역사의 발전 과정에서 선대의 유업을 계승 발전시키는 역할을 하여, 중요한 역사적 영향을 주었다. 거란 왕조는 국내의 여러 민족을 비교적 잘 융합시켰으며, 결과적으로 중국의 농업 지역을 확대시켰고, 장성 밖 유목민족의 정치이념과 문화사상, 사회습속을 크게 변화시켰다. 그리하여 중화민족의 정체성 형성을 촉진하였다.

학자들은 요 왕조가 이후의 금, 원, 청 같은 유목 왕조가 장성 밖에서 흥기하고 중국의 각 민족들이 식민주의자들의 침입에 저항할 수 있는 역사적 기초를 다졌다고 생각한다.

근래 많은 사람들이 관심의 눈길을 장성 밖과 이미 사라져버린 요 나라로 돌리고 있다. 사람들은 일찍이 초원에서 말달리던 저 영웅적인 민족을 잊을 수 없다. 하늘에서 빙빙 도는 용맹한 매만 보아도, 크고 우렁찬 이름 – 거란을 상기할 터이다.

1124년 야율대석(耶律大石)은 일부 거란인을 이끌고 중국 서부에서 서

요를 세웠다.[83] 서요는 90여 년 동안 존속하다가 1218년 몽고 군대에게 멸망당했다. 이때에 이르러 요 왕조는 완전히 멸망했다.

1 돌궐 : 6세기 중엽부터 약 200년 동안 몽골고원을 중심으로 활약한 투르크(Turk) 계통의 민족이다. 처음에
   는 알타이산맥 방면에 거주했는데, 아사나씨(阿史那氏)의 족장 토문(土門)이 일릭카간(伊利可汗)이라 칭하
   며 돌궐국의 기반을 닦았다(552). 그의 동생 이스테미(Istemi)는 서방으로 진출하여 서 투르키스탄의 에프
   탈을 공략하여, 돌궐은 동쪽으로는 만주, 서쪽으로는 중앙아시아, 북쪽으로는 예니세이강 상류까지 세력
   을 확장했다. 그 후 동서로 분열하여 동돌궐은 몽골고원, 서돌궐은 투르키스탄을 각기 지배하였다. 동돌궐
   은 7세기 중반 당의 지배를 받다가, 다시 몽골고원에 독립 국가를 세웠다(682년). 그들은 한때 중앙아시아
   에 원정할 만큼 세력을 떨쳤으나, 위구르에게 멸망당하였다(744년). 서돌궐은 동로마제국과 결탁하여 사산
   왕조 페르시아를 토벌하기도 하였으나, 7세기 말에 당에 복속되었다. 북아시아의 유목 민족으로는 처음으
   로 문자를 사용하여 자신들의 기록인 돌궐비문을 남겼다.

2 회골족 : 회골족은 오늘날 위구르족으로 불리며, 중국 소수민족의 하나이다. 본래 투르크계 민족으로 몽골
   고원에서 활동하다가 중앙아시아로 옮겨왔다. 8세기 중엽 동돌궐이 쇠퇴한 틈을 타서 회골한국(回鶻汗國)
   을 세웠다. 751년 당과 압바스 왕조가 격돌한 탈레스 전투에서 이슬람군이 승리한 것을 계기로 타림분지
   의 지배권을 확립하는 동시에 회골인의 이슬람화가 시작되었다. 안사(安史)의 난에는 군대를 파견하여 난
   을 진압하였으나, 내부 분열에 이어 키르기즈족의 침입으로 회골한국은 붕괴되었다(840년). 그 후 일부가
   오늘날의 투루판 지역으로 이주하여 고창국(高昌國)을 세우고, 동 투르키스탄을 점령했다. 12세기에는 거
   란 왕족 야율대석이 세운 서요(西遼)에 종속되었으며, 칭기즈칸이 즉위한 후에는 자진해서 몽골 제국에 복
   종하였다. 위구르인은 실크로드를 장악하고 몽골의 통치에도 인적, 물적으로 깊이 관여했다. 그 후에는 차
   카타이한국의 지배를 받으면서 이슬람화가 심화되었다. 위구르문자를 사용하였다.

3 부용국 : 큰 나라에 딸려서 그의 지배를 받는 작은 나라

4 현재 중국의 행정구역은 성(省)―지(地)―현(县)―향(鄕)―촌(村) 등 5단계로 구성되어 있다. 성급행정구는
   직할시, 성, 자치구, 특별행정구이며, 지급행정구에는 자치주, 지구, 맹(盟)이, 현급행정구에는 현, 자치현,
   기(旗)등이, 향급행정구는 진, 향, 민족향, 민족 소목(蘇木)이 포함되어 있으며, 그 아래 촌급 자치조직이
   있다.

5 과거에는 신분에 따라 무덤을 부르는 호칭이 달랐다. 임금의 무덤은 능(陵), 임금의 가족 무덤은 원(園), 사
   대부 및 관료와 백성의 무덤은 묘(墓)라고 불렀다.

6 동신림(董新林) : 중국사회과학원 고고연구소 연구원이자 대학원 교수. 1966년 요녕성에서 출생하였고, 길
   림대학 고고학과, 북경대학 대학원을 졸업했다. 1996년 내몽고공작대 대장을 거쳐, 2003년부터 내몽고
   제이공작대 대장으로 조릉 발굴을 주도하였다. 주로 요, 송, 금, 원, 명시기의 고고학을 전공하고 있으며,
   성 터, 무덤 발굴과 사회생활사, 문화교류에 관한 연구에 많은 업적을 남겼다. 조릉 발굴은 국가문물국의
   "2009―2010년 고고발굴상"일등상을 받았고, 요나라 상경 황성 서산(西山)의 파불사 유적 발굴은 "2012년
   도 전국 10대 고고 발굴 성과"에 선정되었다. 2004년 서울대학교 방문학자로 체류한 것을 비롯해 여러 차
   례 한국에 와서 발표한 적이 있다. 논저로는 《중국고대 능묘 고고 연구》 (복건인민출판사, 2005) 등의 저
   서와 《요대 조릉 능원 고고 발굴 보고》 등의 보고서, 등 수많은 논문과 보고서가 있다.

7 『신오대사』 사이부록 1에 따르면, 여덟 부족은 ①차개리부, ②을실활부, ③실활부, ④납미부, ⑤빈몰부, ⑥
   내회계부, ⑦집해부, ⑧해온부이며, 야율아보기는 어느 부족 출신인지 모른다.

8 이리근은 부족의 수장을 의미하는 거란어이다.

9 우월(于越) : 특별히 담당하는 직무는 없었으나 그 위상은 백관의 위였다. 국가에 큰 공덕이 있는 사람을
   우월로 임명하였다(『요사』 백관지 대우월부).

10 야율할저(耶律轄底) : 야율할저는 태조의 동생 살갈 등을 유인하여 반란을 일으켰다가 잡혀 죽었다(『요사』
   권112 역신 열전).

11 척은(惕隱) : 태조 2년에 설치하였으며, 황족의 정교(政敎)를 관장하였다(『요사』 백관지 대척은사).

12 야율활가(耶律滑哥) : 수국왕 석로의 아들로, 태조가 우월로 임명했으나 반란에 참여했다가 사형당했다
   (『요사』 권112 역신 열전).

13 황두실위 : 6세기에서 10세기까지 중국 동북부의 년장 강, 아르군 강, 흑룡강 유역에 존재했던 실위(室韋)의 한 부족이다. 처음에는 실위국(失韋國)이라 불렸는데, 북조에서 수까지는 다섯 개의 부족, 당나라 때에는 스무 개의 부족이 존재했다. 대개 동호와 선비의 후손으로 알려져 있다.

14 난하(灤河) : 허베이(河北) 성 동북부를 흐르는 강

15 홍문의 연회 : 상대방을 죽이기 위해서 여는 연회를 말한다. 항우가 진 나라 수도인 함양을 먼저 차지한 유방을 죽이려고 홍문에서 연 연회에서 비롯되었다.

16 이석후(李錫厚): 중국사회과학원 연구원 및 수당송원사 연구실 부주임. 1938년 심양에서 출생하였고, 북경대학 역사학과, 중국사회과학원 연구원을 졸업했다. 1981년부터 1987년까지 중국인민경관대학에서 일하다 1987년부터 중국사회과학원에서 근무했다. 논저로는 《야율아보기전》, 《중국정치제도사-요금편》등의 저서가 있다.

17 호가십팔박도(胡笳十八拍圖) : 후한 채옹(蔡邕)의 딸 채염(蔡琰: 文姬)이 지은 호가십팔박이라는 장편 서사시의 내용을 후대 사람이 그린 그림이다. 채염은 후한 말기 난리가 일어났을 때 동탁의 부하에게 잡혀 남흉노 땅에 거주하다 좌현왕의 부인이 되고 아이까지 낳은 후 조조의 도움을 받아 돌아왔다.

18 유주(幽州) : 유주를 포함한 이 지역은 보통 연운 16주로 불리며, 936년 석경당이 거란의 원조를 받아 후당(後唐)을 멸망시키고 후진(後晉)을 세운 대가로 거란에 할양되었다. 그 후 중원의 송과 거란은 이 지역을 놓고 치열한 전쟁을 벌였다. (4장의 전연의 맹약을 참조).

19 탁록 : 현재의 하북성 탁록현. 황제가 치우와 싸운 곳이라고 한다.

20 진왕 이존욱(885-926) : 오대시기 후당의 건국자이며, 당말 하동절도사 진왕 李克用의 큰 아들이다. 908년에 진왕을 계승한 이후 여러 해 동안 정복전쟁을 벌여, 북으로 거란을 물리치고 남으로 후량을 격파하고 동으로 걸연(刘守光)을 멸망시켜 점차 강성해졌다. 923년 4월 황제에 올라 나라 이름을 당이라고 하였다. 이해 후량을 멸망시켜 중국 북방의 대부분을 통일하였다. 926년 군대 반란으로 죽었다.

21 합양현 : 원본에는 '양현'으로 되어 있으나, 『신오대사(新五代史)』 권73, 「사이부록(四夷附錄)」 2에 합양현(郃陽縣)으로 되어 있어, 그를 따라 수정하였다. 오늘날 섬서성의 합양현이다.

22 유희민: 현재 파림좌기 당안국(한국의 기록관) 국장. 1963년 내몽고자치구 파림좌기에서 출생했다. 1990년대 이후 파림좌기가 요나라의 황도였던 사실을 접한 뒤, 현존하는 요 상경유적, 조주 및 조릉과 탑등 거란 건축들을 조사하는 한편 당시 문화에 관한 기록과 자료를 조사 검토하여, 2004년부터 2008년까지 역사소설 《거란대제 야율아보기》를 집필하였다. 그 밖에 저서로 역사전기소설인 《대요 아홉 황제》가 있다.

23 속산군: "속산군"은 아보기의 호위대인 "피실군"에 비해 1만 명이 적었다. 이 두 군대는 거란 용사로 조직된 친위군으로서 우수한 장비를 갖추었고 전투를 잘하였다.

24 신장: 선조의 신주나 신상이나 불상 앞에 있는 장막.

25 홀: 관원이 조복을 입고 손에 쥐던 패

26 시영: 시영(柴英, 921~ 959)은 후주(後周)의 2대 황제이다. 농업, 조세제도 및 법제 개편 등의 내정개혁을 이끌어 후주의 기틀을 만들었다는 평가를 받았으나, 연운16주를 수복하기 위한 전쟁을 치르는 도중 병으로 쓰러져 재위 5년 만에 39세의 나이로 세상을 떠났다.

27 차수례: 당, 송, 요, 금, 원 시기에 사용되던 손을 교차하는 예절

28 학정: 학정은 제거학사사를 가리킨다. 한 로(路)의 교육을 담당했기 때문에 학정이라고 불렀으며, 민간에서는 학태(學台)라고 불렸다. 학정의 관원은 한림원 혹은 진사 출신으로 임명했다.

29 수내허외 : 송 태조 때부터 시행한 것으로 송 나라 내내 관철되었다. 내부에서 발생할 가능성이 있는 반란 등의 우환은 열심히 방위하고 외적의 침입에는 느슨하게 대항하는 것으로 변경 방위에는 상대적으로 불충실한 정책이다.

30 '융(戎)', '로(虜)' : 모두 다 오랑캐라는 뜻을 가지고 있는 글자이다.

31 당률 : 당률은 당 나라 시대의 형법이다. 시민법과 규제에 의해 보완되어 중국 뿐만 아니라 동아시아의 다른 곳에서도 법률의 기초로 사용되었다. 법전은 묵자(법가)와 공자의 법을 합성한 것이다. 12장 500항목으로 구성되었으며, 624년에 만들어졌고 627년과 637년에 개정되었다.

32 대련: 중국의 전통 문화의 하나로 언어의 독특한 예술 형식이다. 시문 등에서 의미는 다르나 동일한 형식으로 나란히 있는 문구를 말한다.

33 출새(出塞): 한(漢)나라 때 이연년(李延年)이 만든 단소곡의 이름. 군대 음악이며 말 위에서 연주했다. 주로 다른 나라를 정벌하러 떠날 때 연주하였다.

34 도량 : 본래 불도를 닦는 곳이라는 뜻으로, 불교의식을 행하는 장소나 의식 자체를 이르는 말이다.

35 향전: 죽은 사람에게 제사를 지내기 위해 무덤 앞에 세운 건물이다. 보통 능묘 앞에 여러 개의 건물을 짓는다. 무덤 바로 앞 가운데에 무덤의 주인공이 제사를 받는 침전, 침전 앞 왼쪽에는 제사에 사용하는 음식을 준비하는 건물, 오른쪽에는 제사를 진행하는 인원들이 대기하는 건물을 세웠다.

36 이실: 돌방무덤의 가장 큰 방 양쪽에 만든 작은 곁방으로, 사람의 귀처럼 배치된 까닭에 이실로 불리며, 주로 무덤 주인공이 죽은 후에 사용할 부장품을 두었다.

37 묘지명: 죽은 사람의 무덤에 묻어 세월이 흘러도 무덤의 주인을 알 수 있도록 하기 위한 부장품이다. 묻힌 사람의 성씨 · 벼슬 · 고향 · 행적 등을 기록한 지[誌]와 주인공의 일생을 기념 또는 칭찬하기 위한 운문인 명[銘]으로 구성되며, 대부분 정사각형의 돌 두 개에 나누어 새긴 뒤 포개어 무덤 속에 넣었다.

38 어양현: 현재 중국 허베이성[河北省] 친황다오[秦皇島]에 있는 현(縣).

39 사마: 당 나라의 지방 행정 책임자인 자사가 군대를 통솔할 경우 군사 업무를 맡는 지방 관리이다.

40 두하군주: 두하군주(頭下軍州)는 요 나라의 특수 행정구역이다. 대부분 제왕이나 외척, 대신 및 여러 부족이 점령한 마을 또는 황족, 황제의 장인, 공주가 노예를 집단적으로 일정한 주현에 거주하게 하고 성(城)을 세운 것이다. 성을 세우지 못하는 경우에는 조정에서 성의 이름을 새긴 현판을 주고, 절도사를 두어 조정의 명령을 따르게 했다. 자사(刺史)이하의 모든 관리는 해당 지방에서 선발했다.

41 야율해저(耶律奚底): 요나라의 대장군으로, 북원대왕을 역임했다. 큰 도끼를 잘 쓰기로 유명했다. 986년 기구관전투에서 송 황제를 포함하여 수 만명을 사로잡았으며 송 수도 개봉을 함락했었다.

42 운주(雲州): 현재 산서성 대동시

43 조리용(曹利用, ?―1029年): 북송의 재상으로, 전연의 맹약 당시 송의 대표였다. 요나라가 송나라를 공격했을 당시 송 진종이 직접 전쟁에 참가해도 송나라 군사들이 패하자 교섭에 나서, 요나라가 영토를 달라는 요구를 거절하고도 화의를 이끌어냈다. (《宋史 · 卷二百九十 · 列传第四十九》)

44 친왕: 중국에서 황제의 아들이나 직계 자손에게 주는 작위의 명칭이다. 황제의 아들 가운데 정실 왕후에게서 태어난 왕자 가운데 장자(長子)는 황태자로 봉하고, 태자 이외의 아들은 친왕이나 군왕의 왕호(王號)를 받았다. 이 가운데 황제의 친자식은 친왕(親王), 친왕의 아들은 군왕(君王)으로 봉하는 등 대수를 넘어갈수록 1단계씩 작위를 내렸다.

45 북부재상: 거란부족의 정치를 맡던 북부에서 요나라 군사에 대한 업무를 총괄하는 관직이다.

46 타마구: 말을 타고 끝이 굽은 채로 공을 쳐서 상대편 진영에 넣으면 이기는 놀이이다. 서양의 폴로와 놀이 방법이 동일하다.

47 그림 5-13 참조

48 과거칠불: 불교에서는 석가모니 이전에 깨달음을 얻은 부처가 6명 있다고 가르친다. 차례대로 가섭불 · 구류손불 · 시기불 · 비파시불 · 비사파불 · 구나사불이며, 현재의 부처인 석가모니불까지 포함하여 과거 칠불이라 한다.

49 노신(魯迅, 1881~1936): 중국의 문학가이며 사상가이다. 절강성의 지주 가문에서 태어났지만 어렸을 때 몰락하였다. 1902년 일본에 유학하였고 반청혁명에 참가하였지만, 신해혁명의 실패로 문필 활동을 시작했

다. 대표작으로는 『아Q정전』이 있으며, 중국 근대문학의 기초를 이루었다고 평가받는다. 그는 중국의 현실과 동떨어진 사고, 불교의 공론(空論)에 대해서 철저히 부정적이었다.

50 노신, 『중국인은 자신감을 잃었을까?(中國人失掉自信力了嗎)』《且介亭杂文》

51 반승: 불교에서 승려를 공경한다는 의미로 식사를 베푸는 행위

52 열반절: 석가모니의 죽음을 추모하는 날. 음력 2월 15일이다.

53 우란분절: 지옥에 떨어진 조상의 영혼을 위해서 재를 지내는 불교의 명절이다.

54 보은경: 본명은 '대방편불보은경'이다. 부처와 부모의 은혜를 갚기 위해서 수단과 방법을 가리지 않았다는 석가모니의 전생 이야기가 주된 내용이다.

55 산악: 배우의 연기 및 춤과 노래가 뒤섞여 진행되는 일종의 연극으로 추정된다. 요 나라에서는 황제의 생일이나 송 사신을 영접할 때 공연되었다.

56 어두연: 요의 황제가 봄 날발을 가는 도중 봄이 온 것을 축하하기 위해 그 해에 가장 먼저 잡은 물고기로 베푼 성대한 연회이다.

57 천궁: 불탑 안에는 부처의 유골인 불사리를 모신다. 이때 사리를 탑 안에 모시면 천궁, 탑의 지하에 모시면 지궁(地宮)이라고 한다.

58 대승장엄보왕경육자대명다라니: 대승장엄보왕경은 관세음보살이 불도를 닦아 얻은 공덕과 복덕, 그의 설법과 전생 이야기, 진언의 공덕을 설명한 불교의 경전이다. 다라니는 산스크리트어로 기도문 또는 주문을 뜻하는데, 여기서 육자대명다라니는 '옴 마니반메훔(唵麼抳鉢銘吽, 산스크리트어 ॐ मणि पद्मे हूँ)'이라는 여섯 글자의 주문을 가리키는 말이다. 이 주문은 관세음보살의 자비를 나타내는 것으로, 외우면 모든 위대한 공덕을 성취할 수 있다고 믿는다.

59 승록: 승려의 수행과 인사 관계를 관장한 벼슬이다.

60 마리지천경: 본명은 '불설마리지천다라니주경'이다. 1권으로 구성되었다. 불교에서 마리지천은 항상 해 앞에 있으며, 항상 자신의 모습을 숨기는 신이다. 마리지천경은 마리지천의 이름을 외우면 모든 나쁜 기운이 사라지고 바라는 일이 성취된다고 설명한 불교의 경전이다.

61 법사리탑: 실제 사리 대신 부처의 가르침 또는 경전을 봉안한 탑이다. 사리는 본래 부처 또는 고승의 시신을 뜻하는 말이다. 불교에서는 탑에 반드시 부처의 사리를 봉안해야 하지만, 실제 사리의 수량은 한계가 있으므로 사리를 대신해 부처의 가르침을 담은 경전을 법사리 또는 법신사리라고 부르며 탑에 봉안한다.

62 김용(1924 –2018) : 중국 홍콩의 유명한 무협소설 작가이자 언론인이다. 절강성에서 태어났으며, 소주 대학을 거쳐 영국 케임브리지 대학에서 역사학과 고고학을 전공하였다. 15권의 무협 소설을 집필하였는데, 그 중에는 우리에게 널리 알려진 벽혈검을 비롯하여 영웅문 3부작(사조영웅전, 신조협려, 의천도룡기), 천룡팔부, 마지막 작품인 녹정기 등이 있다. 그의 무협소설은 동서양 여러 나라에서 번역 출판되어 공식적으로 집계된 것만 해도 1억 부가 넘게 팔렸고, 여러 차례에 걸쳐 영화와 비디오로 제작되었다. 김용은 1959년 홍콩에서 일간지 명보(明報)를 창간하여 주필로서 날카로운 문명을 떨쳤다. 그의 영향력은 김학(金學)이라는 그의 소설을 연구하는 학문이 생긴 데서 알 수 있다.

63 난하 : 하북(허베이) 성에 있는 강 이름.

64 해족 : 유하(濡河, 오늘날 樑河) 상류에 거주하던 종족의 이름으로, 일찍이 거란에 병합되었다.

65 십향사 : 작품은 모두 10수이며, 오언절구이다. 매 수마다 몸의 한 부분, 즉 머리카락, 가슴, 뺨, 목, 혀, 입, 손, 발, 음부, 일반 피부를 차례로 묘사하였다. 도종 때 한림학사였던 왕정(王鼎)의 소설 분초록(焚椒錄)에 수록되어 있다.

66 이것은 소관음이 지은 절명사의 일부이다. 소관음의 시는 15편 정도가 전해지고 있으며, 거란을 대표하는 시인이었다. 시의 전문은 다음과 같다. "嗟薄祜兮多幸, 羌做儷兮皇家. 承昊穹兮下覆, 近日月兮分華. 託後鉤兮凝位, 忽前星兮啟耀. 雖釁累兮黃床, 庶無罪兮宗廟. 欲貫魚兮上進, 乘陽德兮天飛. 豈禍生兮無朕,

蒙穢惡兮宮闈, 將剖心兮自陳, 冀迴照兮白日. 寧庶女兮多慚, 遏飛霜兮下擊. 顧子女兮哀頓, 對左右兮摧傷. 共西曜兮將墜, 忽吾去兮椒房. 呼天地兮慘悴, 恨今古兮安極? 知吾生兮必死, 又焉愛兮日夕?"

67 이 시의 이름은 '중경 진국사에서 노닐며(和游中京鎮国寺)'이며, 진국사의 대명탑은 지금도 남아 있다.

68 성관 : 하문 동안에 속한 작은 고을 이름이다.

69 하도와 위서 : 미래의 일과 점술에 관하여 기술한 책

70 황하 : 오늘날 내몽고의 시라무렌 강을 말한다.

71 소슬슬 : 1103년 겨울에 천조제의 후비가 되었다. 『요사』 권71에 열전이 있다.

72 풍간사(諷諫詞) ; 『요사』 권71, 천조제 문비 소씨 열전에 전문이 실려 있다(정문서국 간행, 1206쪽).

73 야율여도 : 황족과 가까운 일족이었으며, 부도통을 역임하였다. 문비가 죽은 뒤 여진으로 도망하였는데, 천조제가 군대를 보내 추격하였으나, 그를 추격한 장수들이 그가 모함당한 것을 알고 살려주었다. 여도는 여진 군대의 선봉이 되어 거란을 공격하니, 천조제는 막지 못하고 호위군을 이끌고 도망쳤다. 여진에서 감군이 되었지만, 사냥을 핑계로 서하로 도망쳤다. 그러나 서하에서 받아주지 않아 죽었다. 『요사』권 120에 열전이 있다.

74 대송선화유사 : 북송 말기의 역사 이야기를 서술한 책이며, 저자는 알 수 없다. 양산박 송강 등의 이야기, 금 나라 군대의 남하와 정강의 사변, 남송의 건국 등에 관한 이야기가 수록되어 있다.

75 호륜패이(Hulun Buir) : 내몽고자치구 동북부에 있는 시(市)이며, 호륜호와 패이호가 있어서 그렇게 불리게 되었다. 중국의 가장 변방으로, 동쪽은 흑룡강성이고, 서쪽과 북쪽은 몽고국, 러시아와 경계를 맞대고 있다. 호륜패이시의 총 면적은 26만 2천 km²로, 남북한을 합친 것보다 넓다.

76 달알이족 : 중국 56개 민족의 하나이며, 주요 분포지는 내몽고자치구이고, 소수가 신강과 흑룡강성 등지에 산다. 자기 언어를 갖고 있으며, 원래의 문자는 잃어버리고 로마자를 기초로 하는 문자를 사용한다. 전쟁을 잘하고, 샤마니즘을 믿는다.

77 태족 : 타이와 라오스, 미안마, 캄보디아, 인도, 베트남. 중국 등 여러 나라에 사는 민족으로, 중국에서는 주로 운남지역에 120여 만 명이 살고 있다. 독자의 언어와 문자를 갖고 있다.

78 이족 : 운남성 사천, 귀주, 광서, 베트남 등지에 거주하는 민족이다. 중국에 약 9백 만 정도가 거주하여, 소수민족 가운데 여섯 번째 규모를 자랑한다. 독자의 언어와 문자, 고유 명절을 갖고 있다.

79 포랑족 : 주로 운남성에 거주하는 소수민족으로, 인구는 9만여 명 정도이다. 고유한 언어와 복식, 풍속을 갖고 있지만 문자는 없다.

80 다리엔만(Gulf of Darién) : 중앙아메리카 남쪽 끝, 파나마 동부와 콜롬비아 북서부 사이에 있으며, 북쪽은 카리브해로 열려 있다.

81 파리아만(Gulf of Paria) : 트리니다드 토바고의 트리니다드 섬과 베네스엘라 동부 연안 사이에 위치한 만이다.

82 키탄(Qitan, Khitan) : 거란(契丹)의 다른 이름. 거란인들이 스스로를 키탄으로 부른 것으로 추정된다. 예전에 중국을 영어로 캐세이(Cathay), 러시아어로 키타이(Китай, Kitay)라고 부른 것은 키탄에서 유래한 것이다.

83 야율대석 : 태조 야율아보기의 8대손이며, 과거에 합격한 후 태주와 상주의 자사를 거쳐 요흥군 절도사가 되었다. 1122년 금 나라 군대가 공격해오는 상황에서 천조제가 수도를 버리고 도망하자 진진왕 야율순을 황제로 추대하였다. 야율순이 죽자 자립하여 왕이 되었고, 서쪽으로 도망가 무리를 규합하고 서역 여러 나라의 군대를 격파한 후 1124년 황제가 되었다(『요사』 권30, 천조황제 4).

3년 전 7월, 두 대학의 대학원생과 교수들로 구성된 20여명의 답사 팀이 한여름의 강렬한 햇빛 속에서 요 나라 유적지를 찾았다. 답사 팀은 고려시대 전공자들을 중심으로 고고학과 조선시대, 그리고 중국사 전공자로 구성되었다. 요의 백탑을 비롯한 수많은 탑들과 상경성, 조릉, 원 상도의 여름축제를 찾아다니며 그들의 삶 속으로 푹 빠져들었다. 몽고초원의 유적과 박물관의 유물들을 보면서 오랜 시간 속에 박제된 그들의 모습을 떠올렸다. 눈이 맑아서 천리 밖까지 또렷이 볼 수 있었다던 그들의 시선을 따라 산등성 넘어 있는 탑을 찾는 우리들의 눈은 현대의 빛에 흐려져서인지 도저히 그 탑을 찾을 수 없었던 경험에 낙담하기도 했다.

이 책과의 인연은 답사 도중에 들른 적봉의 한 박물관 책방에서 시작되었다. 『거란왕조』는 당시 사람들, 정확히 말하자면 거란의 왕조를 구성하였던 주요 인물들을 중심으로 당시 역사를 재구성한 내용이어서, 일반사람들도 쉽게 읽을 수 있는 수준이었다. 당시 우리나라에서 출판된 거란(요)에 대한 책은 전문서적이 몇 권 있을 뿐이고, 일반인들이 읽을 만한 마땅한 책이 없는 실정이었다. 그러한 사정은 지금도 마찬가지이다. 여행의 기억을 보완해줄 수 있으리라 생각하여 이 책을 챙겨왔다.

"중화민족의 휘황찬란한 업적은 중국의 여러 민족이 공동으로 창조한 것이다. 거란족은 중화민족을 구성하는 중요 부분이고, 중화문명이 다양하면서도 통일성을 가진 문명으로 형성되는 데 역사적으로 중요한 역할을 하였다."

이 책의 첫머리에 나오는 저 구절의 의미는 중국역사에서 거란족의 위치를 자리매김한 것이라 보인다. 현대중국은 국민국가라기보다는 다양한 민족으로 구성된 문명국가이다. 화하족을 중심으로 한 천하관을 내세웠던 중국역사의 자긍심은 현대에 들어와 중국 영토에서 살아온 수많은 이들이 서로 부딪히고 뒤섞이는 가운데 만들어진 하나의 관념체계로 중국문명을 정의하는 것으로 방향을 전환하였다. 최근 중국 문명주의의 확장에는 장성 북쪽의 유목민족과 남쪽의 농경민이 투쟁과 교류를 통해 서로 혈통적, 문화적, 제도적으로 뒤섞이는 과정에서 중국의 문화를 형성하였다는 인식, 다시 말하면 한족 위주의 중국 역사상(歷史像)에서 탈피하려는 인식이 뚜렷이 반영되어 있다. 이러한 맥락에서 보면 북방의 강력한 세력으로 중국을 지배한 거란족은 중국역사의 형성에 큰 영향을 끼쳤음에 틀림없다. 더구나 고려와 같은 시기에 존재하면서 우리민족의 문화에 여러 영향을 준 것도 널리 알려지지 않은 사실이다.

거란왕조는 '초원의 숫매'라는 뜻의 야율아보기의 출생으로 시작되었다. 이 책은 부락연맹시대에 가장 강대한 부락장이었던 야율아보기가 거란을 세웠고 9대에 걸쳐 어떻게 왕조를 발전시켰으며, 송과 관계하면서 어떤 다양한 경험을 하였는가를 주된 내용으로 하고 있다. 그리고 이전에는 별로 주목하지 않았던 왕 개인의 일화와 궁정의 이야기, 어떤 것은 잔잔하게 웃음이 배어나오고 어떤 것은 황당함과 잔혹함에 입을 다물 수 없는 이야기를 들려준다. 송나라 사신과 싯구를 나누는 대련을 통해(본문 75쪽) 우리는 그들의 문화적 수준을 가늠할 수 있으며, 구양수가 즐겨먹어 구양수의 자두라는 이름을 갖게 된 '구리'의 일화를 통해 그들의 음식문화도 살짝 엿볼 수 있다(본문 76쪽). 그리고 송나라 군대가 사용한 '상자노'의 그림을 찬찬히 훑어보며 사정거리가 무려 1,500m나 되었다는 살상무기의 위력을 실감할 수 있다. 그리고 우리 답사팀이 직접 찍은 유적 사진들, 당시 풍습을 보여주는 화려한 유물과 유려한 풍속화를 통해 그들의 삶을 상상해볼 수 있다.

이 책은 2013년 8월부터 중국 국영 CCTV에서 방영된《탐색과 발현

《(探索發現)》[1]이라는 다큐멘터리를 편집한 것이다. CCTV의 역사다큐멘터리 형식을 그대로 따라서 중요 역사 사건의 소개, 그에 관련된 소소한 에피소드 그리고 역사적 사실에 대한 논평을 하는 고고학자와 역사학자의 인터뷰로 구성되어있다. 방송 내용을 축약한 까닭에 보다 박진감 있게 구성하고 있는 점이 이 책의 특징이다. 간간이 등장하는 인터뷰이들은 우리가 알 수 없었던 사실들을 역사적 자료를 인용해 확인해주는 역할을 한다. 따라서 이 책을 읽고나면 '도대체 거란인들은 어떻게 살았을까?'하는 의문에 얼마간의 답을 얻을 것이다. 거란의 유구한 역사를 뒤돌아보면서, 이미 사라져버린 초원 민족을 어떻게 기억해야 하는가 고민하였다. 현대중국의 학자들은 호한융합(胡漢融合)의 기치 아래 북방의 영토를 호령하였던 거란의 역할에 주목한다. 중국의 통일적 다민족국가론에 따르면, 거란 왕조는 국내의 여러 민족과 잘 융합되었으며, 중국의 농업 지역을 확대시켰고, 장성 밖 유목민족의 정치이념과 문화사상, 사회습속을 크게 변화시켜 중화민족의 정체성 형성을 촉진하였다. 또한 거란 이후의 금, 원, 청 같은 유목 왕조가 장성 밖에서 흥기하고 중국의 각 민족들이 식민주의자들의 침입에 저항할 수 있는 역사적 기초를 다졌다고 한다.

---

1   https://www.youtube.com/watch?v=p7RSfNS8E94&feature=youtu.be

이 책은 그동안 잘 알려지지 않아 관심도 둘 수 없었던 역사적 사실로 우리를 인도한다. 이를 통해 새롭게 부각되고 있는 북방지역에서 살았던 사람들에 대한 관심을 충족시켜주는 역할을 한다.

 답사를 마치고 난 일년 후 답사의 기억과 거란의 역사를 좀 더 알고 싶다는 소박한 생각에서 번역을 시작하였다. 번역을 진행할수록 우리는 보석을 발견했다는 행복감으로 들뜨게 되었다. 이 책의 내용은 그 어떤 책에도 소개되지 않은 내용이었고 무엇보다도 소소한 재미가 있었기 때문이다.

그럼에도 불구하고 이 책의 번역에는 꽤 오랜 시간이 걸렸다. 익숙하지 않은 내용을 일일이 원전을 대조하여 확인하였고, 잣구 하나의 적확한 번역을 위해 오랜 시간의 토론이 필요하였으며, 현지의 지명과 복잡한 가계도를 정리하는 작업에 예상보다 많은 시간이 들었기 때문이다. 이 책이 거란의 역사를 비롯한 북방제국의 역사, 고려와의 관계를 이해하고자 하는 사람들에게 얼마간 도움이 되었으면 하는 바람이다. 이상한 고온과 살에는 추위가 반복된 몇 년의 시간을 한신의 연구실에서 보낸 우리의 시간이 헛되지 않기를 빌어본다.

2018년 3월

번역자들